Guía de la Clínica Mayo
sobre depresión

Keith Kramlinger, M.D.

Editor en jefe

Clínica Mayo
Rochester, Minnesota

Número de tarjeta del Catálogo de la Biblioteca del Congreso: 00-136715

Edición original:
ISBN 1-893005-17-8
Edición en español:
ISBN 970-655-434-3

D.R. © 2001, *Mayo Foundation for Medical Education and Research*
Edición en idioma español por Intersistemas, S.A. de C.V.

Intersistemas, S.A. de C.V.
Aguiar y Seijas No. 75
México 11000, México, D.F.
Tel. (525) 520 2073
Fax. (525) 540 3764
E-mail: intersis@data.net.mx
Impreso en México

Impreso en México
Primera edición en español

La depresión

La depresión afecta a millones de personas cada año — a más gente que el cáncer y a casi tanta como la enfermedad cardíaca. Pero a diferencia del cáncer o la enfermedad cardíaca, mucha gente no sabe lo que es la depresión o cómo manejarla.

La depresión es algo más que un mal día, sentirse triste por un breve periodo o el pesar por una pérdida en su vida. Es una enfermedad que afecta su forma de pensar, sentir y actuar. La depresión puede resultar de una interrelación compleja de factores que pueden precipitar cambios en la actividad del cerebro. En contra de lo que se cree desde hace mucho tiempo, la depresión no es resultado de debilidad personal, y usted no puede simplemente "despojarse" de la depresión o "salirse de ella".

Con tratamiento apropiado, casi 80 por ciento de la gente que sufre depresión mejora. Pero el proceso puede llevar tiempo. En estas páginas encontrará usted información para ayudarlo a comprender mejor la depresión, su tratamiento y lo que puede usted hacer para ayudar a manejar la enfermedad. Este libro está basado en la experiencia de los profesionales de la salud de la Clínica Mayo y las recomendaciones que proporcionan todos los días.

La Clínica Mayo

La Clínica Mayo evolucionó de la práctica médica de frontera del Dr. William Worral Mayo y la sociedad con sus dos hijos, William J. y Charles H. Mayo, a principios de 1900. Presionados por las demandas de la ocupada práctica quirúrgica en Rochester, Minnesota, los hermanos Mayo invitaron a otros médicos a unirse a ellos, siendo pioneros de la práctica de grupo de la medicina. Actualmente, con más de 2,000 médicos y científicos en sus tres principales localizaciones en Rochester (Minnesota), Jacksonville (Florida) y Scottsdale (Arizona), la Clínica Mayo está dedicada a proporcionar diagnóstico integral, respuestas precisas y tratamientos eficaces.

Con la profundidad de sus conocimientos médicos, su experiencia y pericia, la Clínica Mayo ocupa una posición única como recurso de información para la salud. Desde 1983 la Clínica Mayo ha publicado información confiable para la salud para millones de consumidores a través de una diversidad de boletines, libros y servicios en línea, ganadores de premios. Los ingresos de nuestras publicaciones apoyan a los programas de la Clínica Mayo, incluyendo la educación y la investigación médica.

Personal editorial

Editor en jefe
Keith Kramlinger, M.D.

Editores médicos asociados
Matthew Clark, Ph.D.
Lois Krahn, M.D.
Kemuel Philbrick, M.D.
Richard Seime, Ph.D.
Bruce Sutor, M.D.
Lloyd Wells, M.D.

Gerente editorial
Karen Wallevand

Copy editor
Mary Duerson

Prueba de lectura
Miranda Attlesey
Donna Hanson

Investigación editorial
Deirdre Herman
Michelle Hewlett

Escritores colaboradores
Lee Engfer
Rebecca Gonzalez-Campoy
Tamara Kuhn
Stephen Miller
Carol Pearson, M.D.
Robin Silverman

Director creativo
Daniel Brevick

Diseño
Paul Krause

Illustración y fotografía
Michael King
Richard Madsen
Christopher Srnka

Indexación
Larry Harrison

Editores colaboradores y revisores

Sara Berg, M.S.W.
Ann Decker, J.D.
Joanne Ericksen, R.N.
Christopher Frye
Mark Hansen, M.D.
Clifford Jack, M.D.
Siong-Chi Lin, M.D.

Toshihiko Maruta, M.D.
Joseph Parisi, M.D.
Keith Rasmussen, M.D.
Elliott Richelson, M.D.
Christine Sadowski, Ph.D.
Shirlene Sampson, M.D.

Prefacio

E s posible que haya seleccionado este libro porque está deprimido, o piensa que puede estarlo y quiere saber cómo sentirse mejor otra vez. Puede ser que haya sufrido de depresión en el pasado y está buscando soluciones para evitar que vuelva. O tal vez tiene un familiar cercano o un amigo con depresión y está buscando la forma de ayudarlo. Todas estas son inquietudes y preocupaciones frecuentes — y buenas razones para leer este libro.

Casi todos tenemos sentimientos de tristeza o desesperación en algún momento de nuestra vida. Cuando estos sentimientos persisten, se repiten o se vuelven intensos, puede estar presentando depresión y debe buscar ayuda médica. La depresión es una enfermedad frecuente pero que a menudo puede tratarse con éxito. Desafortunadamente, demasiada gente no busca tratamiento para la depresión, sea porque no es consciente de que está deprimida o por creer erróneamente que la depresión no es una enfermedad real ("todo está en su cabeza") y que ocurre únicamente en gente mentalmente débil.

Ahora, más que nunca, los médicos son conscientes de lo que se necesita para tratar la depresión y ayudarlo a llevar una vida saludable y productiva. En este libro encontrará información práctica y fácil de leer para ayudarle a comprender la depresión. Empezamos con una explicación de la enfermedad, quién tiene riesgo de desarrollarla y qué se sabe respecto a su biología. Describimos la forma de reconocerla y de obtener ayuda para la depresión, y explicamos sus diferentes tipos. Enseguida proporcionamos una visión integral de los diversos tratamientos de la depresión, incluyendo medidas de autoayuda para tratarla o prevenirla. Finalmente proporcionamos información específica para grupos especiales, incluyendo mujeres, adultos mayores, jóvenes y familiares y amigos de individuos deprimidos.

Junto con el consejo de su médico, este libro puede ayudarlo a sentirse tranquilo de que está haciendo lo correcto para superar la depresión en tal forma que pueda regresar a una vida plena y activa.

Keith Kramlinger, M.D.
Editor en jefe

Contenido

Prefacio   v

Parte 1: Cómo comprender la depresión

Capítulo 1   **¿Qué es la depresión?**   3

Cómo definir la depresión   4

Un trastorno médico   5

¿Quién desarrolla depresión?   7

¿Qué tan frecuente es la depresión?   7

Qué se siente al estar deprimido   9

Voces de la experiencia   10

Una enfermedad poco reconocida   12

La importancia del tratamiento   13

Capítulo 2   **¿Está usted en riesgo?**   17

Historia familiar   17

Genética   18

Situaciones estresantes   18

Experiencias pasadas   20

Dependencia química   23

Medicamentos de prescripción   23

Condiciones médicas   24

Aspectos psicológicos   27

Otras enfermedades mentales   28

Capítulo 3   **Biología de la depresión**   31

Estudios en familias, adoptados y gemelos   31

Estudios hormonales   33

Estudios de imagenología del cerebro   35

Estudios con medicamentos   37

Sección en color   C1

Capítulo 4   **Cómo reconocer y diagnosticar la depresión**   39

¿Cuáles son los signos de advertencia?   39

Vías para obtener ayuda   42

¿Quién proporciona cuidados de salud mental?   42

¿En dónde empezar?   44

Pasos para el diagnóstico   45

Capítulo 5   **Tipos de depresión**   49

Depresión mayor   49

Distimia   50

Trastornos de adaptación   51

Trastornos bipolares   52

Otras dimensiones de la depresión   55

Términos adicionales   57

Cómo hacer lo correcto   58

Parte 2: Cómo tratar la depresión

Capítulo 6   **Panorama general del tratamiento**   61

Un siglo de avances   61

Un solo tratamiento no sirve para todos   66

Capítulo 7   **Los medicamentos y cómo funcionan**   67

Tipos de antidepresivos   67

Inhibidores de la recaptura de serotonina   69

Inhibidores mixtos de la recaptura   70

Bloqueadores de los receptores   71

Inhibidores de la recaptura y bloqueadores de los receptores   71

Inhibidores de enzimas   72

Cómo seleccionar un antidepresivo   73

Medicamentos adicionales   77

Nuevos medicamentos en estudio   81

Hierbas y suplementos dietéticos   82

Capítulo 8   **Consejo y psicoterapia**   85

Consejo   85

Psicoterapia   87

Terapia del comportamiento cognoscitivo 88

Terapia interpersonal 91

Otras formas de psicoterapia 92

¿Cuánto dura la psicoterapia? 93

¿Cómo funciona la psicoterapia? 94

Cómo hacer que funcione 96

Capítulo 9 **Terapia electroconvulsivante y otros tratamientos biomédicos** 97

Terapia electroconvulsivante 97

Terapia de luz 105

Posibles futuros tratamientos: EMT y ENV 108

Capítulo 10 **Estrategias de autoayuda** 111

Cómo pasar los tiempos difíciles 111

Prescripción para una vida saludable 112

Cómo cuidar la salud física 113

Cómo incrementar la salud emocional 119

Tome en cuenta sus necesidades espirituales 125

La mejor defensa es una buena ofensiva 126

Parte 3: Grupos y preocupaciones especiales

Capítulo 11 **La mujer y la depresión** 129

¿Por qué las mujeres son más vulnerables? 129

Depresión en los años reproductivos 130

Trastorno premenstrual disfórico 130

Depresión durante el embarazo 131

Depresión posparto 132

Menopausia y depresión 133

Aspectos sociales y culturales 135

Con la ayuda viene la esperanza 137

Capítulo 12 **Adultos mayores y la depresión** 139

Factores precipitantes frecuentes 139

Cómo reconocer la depresión en los adultos mayores 140

Alzheimer, Parkinson y depresión 141

Ataque cerebral y depresión 142

Cómo tratar la depresión en los adultos mayores   143

Cómo menejar la depresión   144

Capítulo 13 Depresión en la infancia y la adolescencia   145

Qué buscar   146

¿Está en riesgo su hijo?   147

Trastornos relacionados   148

Cómo tratar la depresión en los jóvenes   151

Un mayor énfasis en la intervención temprana   154

Capítulo 14 Trastornos combinados   155

Ansiedad y depresión   156

Abuso de sustancias y depresión   157

Trastornos de la alimentación y depresión   158

Trastorno corporal dismórfico y depresión   160

Trastornos de personalidad y depresión   160

Decirlo como es   162

Parte 4: Cómo vivir con una persona deprimida

Capítulo 15 Suicidio y cómo enfrentarlo   165

¿Quién está en riesgo?   165

Signos de advertencia   167

Cómo manejar los pensamientos y acciones suicidas   168

Sobrevivientes del suicidio: los que se quedan   170

Capítulo 16 El papel de la familia y los amigos   173

Estar ahí   173

Cómo manejar la resistencia   175

Cómo soportar la carga   175

Cómo cuidarse a sí mismo   177

Una acto de equilibrio   178

Cómo enfrentar y superar la depresión: una historia personal   *179*

Recursos adicionales   *185*

Índice   *187*

Parte 1

Cómo comprender la depresión

Capítulo 1

¿Qué es la depresión?

L a *depresión*, escribió el novelista William Styron, es una "palabra débil para una enfermedad tan importante". Este término tan moderado no refleja la angustia que sintió cuando estuvo deprimido.

La palabra *depresión* tiene muchos significados. Es un término frecuente para describir una rodada o una concavidad del suelo. En el mundo financiero significa un periodo de declinación económica. En meteorología, se refiere a un patrón de clima tropical que puede provocar un ciclón o un huracán. Entre los astrónomos, depresión es la distancia de un objeto celestial por debajo del horizonte. Pero tal vez el significado más familiar de la palabra se relaciona con el estado de ánimo. En el uso corriente, la depresión describe un estado de desaliento temporal que puede originarse por un mal día o un mal sentimiento. En términos médicos, depresión es una enfermedad severa que ocasiona cambios en la memoria y el pensamiento (cognoscitivos), en el estado de ánimo, en el funcionamiento físico y en el comportamiento. Afecta la forma en que usted siente, piensa, come, duerme y actúa.

Mucha gente — tanto los que han sufrido la enfermedad como los familiares y amigos que han ayudado a sus seres queridos a enfrentarla — está familiarizada con los efectos de la depresión. La depresión es uno de los problemas médicos más frecuentes en todo el mundo. En Estados Unidos, aproximadamente uno de cada cuatro individuos sufrirá por lo menos un episodio de depresión en algún momento de la vida.

Lo bueno es que la depresión es tratable. Gracias a mejores medicamentos y otros tratamientos médicos y psicológicos, puede usted superar la depresión, no sólo soportarla. Con tratamiento apropiado, la mayoría de la gente con depresión mejora — típicamente en unas semanas — y regresa a sus actividades habituales. La energía y alegría por la vida regresan gradualmente y la luz vuelve a lo que parecía ser un mundo lúgubre y triste.

Este libro puede ayudarlo a comprender mejor por qué ocurre la depresión, cómo puede afectar su vida y qué puede hacer usted para superar esta enfermedad compleja, a menudo inquietante y potencialmente grave. En él encontrará también la información para grupos específicos, incluyendo mujeres, niños y adultos mayores, y para gente con preocupaciones y circunstancias específicas, por ejemplo, aquellos cuya depresión se asocia a otra enfermedad mental.

Cómo definir la depresión

La depresión ha existido siempre. Las descripciones de las enfermedades depresivas pueden encontrarse en los textos de muchas civilizaciones antiguas. En el Antiguo Testamento, el Rey Saúl, presentando los signos clásicos de la depresión, es afligido por un "espíritu maligno" y finalmente se suicida. Los textos antiguos ingleses se refieren a la *melancolía*, que durante siglos fue la palabra utilizada para describir los trastornos del estado de ánimo. Los escritores ingleses Chaucer y Shakespeare escribieron sobre la melancolía.

Las primeras descripciones médicas de la depresión se remontan al griego Hipócrates, el "Padre de la Medicina", que vivió en el siglo IV A.C. Hipócrates creía que la enfermedad mental era resultado de causas naturales más que de fuerzas sobrenaturales. Él sugirió la teoría de que la melancolía era producto del exceso de bilis negra en el bazo — de aquí los términos *melan*, "negro" y *colía*, "bilis". Para superar la depresión, Hipócrates recomendaba un reequilibrio de los sistemas corporales utilizando relajación y estrategias de vida saludable — componentes que todavía se usan como parte de un enfoque integral de tratamiento.

A través de los siglos, otros filósofos y médicos han intentado definir y comprender la depresión. Así como el término depresión en su uso común es vago y tiene diferentes significados, tampoco es fácil de definir o reconocer la enfermedad. Sus síntomas pueden sobreponerse a los síntomas de otras enfermedades, o pueden atribuirse a pesar, estrés, problemas de sueño, envejecimiento o exceso de trabajo.

Muchas personas dicen que se deprimen cuando se sienten tristes, solas, apesadumbradas o abatidas: "¡Estoy tan deprimido. Tengo tanto trabajo y creo que no voy a poder terminar!". Pero la enfermedad de la depresión es más que un estado de desaliento transitorio o un periodo de estrés. La verdadera depresión — lo que los médicos llaman a menudo una enfermedad depresiva o depresión clínica — es diferente de la tristeza o desesperación normal. La enfermedad depresiva, en su forma más frecuente, se caracteriza por lo siguiente:

- Tiene una duración de dos semanas por lo menos, a menudo mucho más
- Presenta síntomas específicos, relacionados con el estado de ánimo, el comportamiento, el pensamiento y la visión del futuro
- Deteriora su capacidad para funcionar en la vida diaria
- Requiere tratamiento médico o psicológico, o ambos

En este libro, cuando utilizamos la palabra depresión, nos referimos a la enfermedad de la depresión.

Un trastorno médico

Durante siglos la gente consideró la depresión como un signo de debilidad física o mental y a menudo se rechazó la idea de que fuera un problema legítimo de salud. "Todo está en su cabeza", era una frase común que escuchaba la gente que tenía depresión. Después de años de investigación, los médicos reconocen ahora a la depresión como un trastorno médico — una enfermedad con una base biológica que a menudo se ve influenciada por el estrés psicológico y social. Se cree que una compleja interrelación de factores que incluyen la genética, el estrés y los cambios en el funcionamiento corporal y cerebral desempeñan un papel importante en el desarrollo de la depresión. La gente con depresión puede tener niveles anormalmente bajos de ciertas sustancias químicas del cerebro y actividad celular más lenta en áreas del cerebro que controlan el estado de ánimo, el apetito, el sueño y otras funciones.

La depresión puede afectar no sólo el estado de ánimo. Puede desorganizar también sus patrones de sueño y comida y disminuir su impulso sexual. La depresión filtra lo que piensa usted de las cosas y hace que sus pensamientos sean más negativos y pesimistas. Afecta el concepto que usted tiene de sí mismo, disminuyendo su sensación de autoestima. Impacta sobre la forma en que actúa y lo hace a menudo más irritable y ambivalente.

La depresión puede ocurrir sola, o puede ser una complicación de otra enfermedad. Puede ocurrir como reacción a un medicamento o a una droga. Puede ocurrir después del parto o como resultado del abuso del alcohol o las drogas. Puede ser una respuesta al estrés provocado por un cambio de trabajo, la pérdida de un ser querido o algún otro evento difícil. Algunas veces simplemente aparece, sin ningún factor precipitante aparente.

Más allá de la tristeza

Todos tenemos momentos de infelicidad, a menudo en respuesta a una pérdida, un revés o los simples vaivenes de la vida diaria. Los sentimientos que acompañan a estos eventos generalmente son desagradables, pero temporales.

La tristeza ocasional que todos sentimos por las frustraciones de la vida es muy diferente a la depresión. La depresión es más que un desaliento pasajero, un caso de abatimiento o un periodo de varios días en los que parece estar desanimado. Tampoco la depresión es tener una mala actitud o ser pesimista.

En contraste con la tristeza o el pesimismo, la depresión continúa durante un periodo más prolongado. Los sentimientos de tristeza o abatimiento persisten y a menudo se acompañan de otras emociones, como ansiedad, enojo, irritabilidad, culpa o sentimientos de desesperanza. A diferencia de la tristeza o el pesimismo, la depresión puede ser debilitante.

Más grande que el pesar

El pesar es una respuesta normal y necesaria a una pérdida significativa, como la muerte de un ser querido, el final de una relación, el cambio a otra ciudad, un cambio en su salud o la muerte de su mascota. En muchas formas, el pesar y la depresión son similares. Los síntomas comunes a ambos son sentimientos de tristeza, falta de interés en las actividades habitualmente agradables y problemas para dormir y comer. Aunque el pesar es un proceso normal y saludable, la depresión no lo es.

Las diferencias entre el pesar y la depresión estriban en la duración de los sentimientos y el grado en que afectan sus actividades diarias. La depresión puede complicar al pesar en dos formas: puede producir síntomas a corto plazo que son más severos que los asociados normalmente a la pesadumbre y puede hacer que los síntomas de pesadumbre persistan más tiempo del normal y posiblemente se agraven. El pesar generalmente dura hasta un año. Si es intenso o tiene una mayor duración, puede estar complicado con depresión. Los estudios que han intentado aclarar las diferencias importantes entre pesar y depresión sugieren que una diferencia entre los dos es la autodenigración. Las personas deprimidas tienen a menudo sentimientos de inutilidad. Las personas con pesadumbre generalmente no los tienen.

¿Quién desarrolla depresión?

La depresión puede afectar a cualquiera, independientemente de la edad, raza, nacionalidad, ocupación, nivel económico o sexo. Sin embargo, las mujeres tienen tasas significativamente mayores de depresión que los hombres. Esta diferencia puede deberse en parte a causas biológicas. Las experiencias pasadas, incluyendo el abuso sexual y doméstico, pueden desempeñar también un papel. El abuso no es exclusivo de las mujeres, pero ocurre más frecuentemente en las mujeres que en los hombres.

El primer episodio de depresión de una persona ocurre típicamente en la primavera de la vida, entre los 25 y 44 años de edad. Sin embargo, la enfermedad afecta también a niños, adolescentes y adultos mayores.

Las tasas de depresión son menores en los casados y en los que tienen relaciones íntimas duraderas. La enfermedad es significativamente más frecuente en divorciados y separados. Aun cuando no se sabe por qué, la depresión parece ser también más prominente en los individuos muy creativos (ver "Un grupo perfecto" en las páginas siguientes).

¿Qué tan frecuente es la depresión?

Si está deprimido, no es el único. La depresión es uno de los problemas médicos más frecuentes en muchos países. En Estados Unidos afecta aproximadamente a 18 millones de individuos adultos en un instante determinado. En algún momento de la vida, casi uno de cada cuatro individuos sufrirá por lo menos un episodio de depresión. Sin embargo, mucha gente no reconoce su enfermedad y algunos médicos son reacios a diagnosticarla.

Un grupo sobresaliente

"La mente es su propio lugar, y por sí misma / Puede hacer un Infierno del Cielo o un Cielo del Infierno," escribió el poeta John Milton en el siglo XVII en su obra maestra *"El paraíso perdido"*. Dos siglos después, otro poeta que conocía los vaivenes del estado de ánimo, Lord Byron, describió "el apóstol de la aflicción" quien "del dolor arrancó una abrumadora elocuencia".

La lista de talentos creativos que han sufrido de depresión es larga e impresionante. Incluye músicos como Robert Schumann, Ludwig van Beethoven, Peter Tchaikovsky y John Lennon, artistas como Vincent van Gogh y Georgia O'Keeffe, y escritores como Edgar Allan Poe, Mark Twain, Virgina Woolf, Ernest Hemingway, F. Scott Fitztgerald y Sylvia Plath.

La especulación respecto a la conexión entre la creatividad y la depresión se remonta a los antiguos griegos. Ellos creían que las formas divinas de locura inspiraban los actos creativos de los mortales. Los científicos modernos han llevado a cabo docenas de estudios para explorar esta relación. Aunque la evidencia es fragmentaria, algunos investigadores han encontrado que la depresión tiende a ser más frecuente entre los poetas, escritores, artistas y compositores. En un estudio, este grupo presentó dos veces más depresión severa que la gente en otros campos.

Otros investigadores advierten que la relación entre la creatividad y la depresión es exagerada y que mucha gente creativa es emocionalmente estable. La mayoría de los investigadores piensa que los logros creativos ocurren a pesar, no a causa, de la enfermedad emocional. La depresión puede con la misma facilidad tanto sofocar la creatividad como incrementarla.

En una encuesta reciente, 7% de adultos de EUA refirieron que habían sufrido un problema de salud mental y 26% expresaron que habían estado cerca de una crisis nerviosa. El término *crisis nerviosa* no es un término médico o científico oficial, pero los hallazgos de este estudio proporcionan apoyo adicional a la idea de cuán frecuentemente la gente presenta síntomas de enfermedad mental.

La depresión no es sólo un fenómeno de Estados Unidos. A nivel mundial, la depresión es la cuarta causa de incapacidad y muerte prematura de acuerdo al Estudio de la Carga Global de la Enfermedad que realizaron la Escuela de Salud Pública de Harvard, la Organización Mundial de la Salud (OMS) y el Banco Mundial. Existe evidencia también de que es cada vez más prevalente. Varios estudios sugieren tasas de depresión que incrementan ligeramente a través del tiempo — aunque no se sabe si las tasas mayores se originan en un incremento real de la enfermedad o en un mayor informe de casos de depresión. Los autores del Estudio de la Carga Global de la Enfermedad predicen que en el año 2020, la depresión podría ocupar el segundo lugar entre las amenazas severas para la salud a nivel mundial, después únicamente de la enfermedad cardíaca.

Qué se siente al estar deprimido

La depresión se presenta a menudo en cuatro formas. No es raro que la gente que lo conoce bien note estos cambios antes que usted. (Los signos y síntomas de la depresión se discuten en mayor detalle en el Capítulo 4.)

Cambios en el estado de ánimo

Un síntoma característico de la depresión es un estado de ánimo deprimido. Puede usted sentirse triste, inútil y sin esperanza y tener crisis de llanto. También es frecuente que su autoestima y su autoconfianza se desplomen durante los periodos de depresión. Mucha gente con depresión se siente culpable o despreciable.

No toda la gente con depresión, sin embargo, se siente deprimida. Otras emociones pueden ser más pronunciadas. Puede sentirse agitado. Puede estar más irritable y fastidiado. O puede estar aburrido y encontrar que ya nada le llama la atención. Generalmente las actividades agradables no le proporcionan placer ni mantienen su interés.

Cambios cognoscitivos

La depresión puede interferir con el proceso de su memoria y su pensamiento. Puede tener dificultad para concentrarse. Puede notar que tiene que batallar para tomar decisiones. Incluso decisiones relativamente simples, como decidir qué ropa usar o qué alimentos preparar, pueden parecer complicadas y requieren mucho tiempo. Como resultado, puede encontrar que es más difícil hacer las cosas.

Cambios físicos

La depresión puede afectar muchas áreas del funcionamiento físico. Por ejemplo, puede desordenar sus hábitos de sueño y de comida. Puede despertar a las 4 o 5 de la mañana y no volver a dormirse, o puede sentir sueño todo el día y pasar muchas horas en la cama. Puede comer en exceso y aumentar de peso. O puede perder el apetito y bajar de peso. Su impulso sexual puede disminuir o desaparecer.

La depresión puede minar su energía. La gente con depresión se siente a menudo cansada, lenta y agotada. Levantarse en la mañana o preparar y comer un alimento puede parecer un esfuerzo monumental. La depresión está relacionada también con diversos síntomas físicos indefinidos, como dolor de cabeza, dolor de espalda, dolor abdominal y dolencias múltiples sin una explicación médica obvia.

Cambios en el comportamiento

La depresión puede cambiar el comportamiento en muchas formas. Si generalmente se arregla bien, puede empezar a descuidar su aspecto personal. Si ha tenido siempre cuidado en pagar sus cuentas, puede olvidarlas. Puede retirarse de la gente, prefiriendo quedarse en casa. Los conflictos con su cónyuge o con otros familiares pueden hacerse más frecuentes. En el trabajo puede atrasarse en las fechas de entrega.

Voces de la experiencia

Presentamos aquí la forma en que la gente que ha tenido depresión describe su experiencia.

Durante los peores periodos, mi depresión es la clásica "nube negra" sobre mi cabeza — una "tenaza negra" es más exacto. Siento que algo presiona mi cabeza — algo increíblemente opresivo. Durante estos periodos es difícil recordar que alguna vez no he estado deprimida. La depresión parece consumir el pasado y el futuro. He tenido también depresiones más leves, que han minado mi energía y optimismo pero que no fueron tan devastadoras.

   Margaret
   Santa Fe, Nuevo México

Una voz del pasado

Soy el ser viviente más desdichado. Si lo que siento se distribuyera por igual entre toda la humanidad, no habría una sola cara alegre en la tierra. No sé si me sentiré mejor alguna vez. Presiento que no. Es imposible seguir como estoy. Me parece que debo morir o sentirme mejor.

Abraham Lincoln, el futuro 16° presidente de Estados Unidos escribió estas palabras a un amigo en 1841.

Siento que estoy en una caja y que la tapa está demasiado baja. Tengo que gastar una gran cantidad de energía para tratar de hacer lo que hacía fácilmente cuando no estaba deprimida. Además, tengo días en que siento la depresión como una mezcla química — me siento normal y luego cambio, y me siento triste e incapaz de funcionar, y nada que pueda detectar ha cambiado.

Cathy
Minneapolis

Me siento triste, inútil. A menudo siento pánico, que estoy atrapada, sin esperanza. Algunas veces lloro y siento una enorme tristeza, otras veces estoy sólo aturdida. Los sentimientos de desamparo son frecuentes.

Anne
Los Ángeles

Cuando estoy deprimido, me siento triste, aturdido, asustado, con sentimientos de culpa, incapaz de moverme, literal y figuradamente — con un sentimiento de desesperanza. Otros sentimientos: cinismo, vacío por dentro y desamparo.

Larry
Englewood, New Jersey

La depresión ha afectado la relación con mis amistades minando la energía necesaria para ser una buena amiga y mantener mis amistades, haciendo que me retire de mis amigos. También ha afectado mis relaciones románticas en forma similar. No diría que ha causado el rompimiento de ninguna relación romántica, pero una o dos veces ha sido un factor contribuyente.

Amy
Kansas City, Missouri

La incapacidad para concentrarme es definitivamente un síntoma de depresión para mí. Tengo dificultad para terminar mis proyectos o avanzar en un proyecto creativo. La falta de apetito no es un problema. De hecho, la depresión hace que quiera comer más. En un invierno hace algunos años, cuando estaba deprimida, comía un frasco de nieve todas las noches, y aumenté 10 kilos (20 libras). Y no he podido deshacerme de ese peso, y tampoco de la depresión.

Elizabeth

Eugene, Oregon

Una enfermedad poco reconocida

Aunque la depresión es frecuente, aproximadamente una tercera parte de la gente con depresión no sabe que la tiene. Y de aquellos que la reconocen, dos terceras partes no buscan un tratamiento adecuado. Las razones pueden incluir:

Reconocimiento limitado. Algunas personas no reconocen sus síntomas de depresión ni la necesidad de tratamiento. Muchos piensan que las dificultades que tienen son una parte normal de la vida. Esto es especialmente cierto si los síntomas prominentes del estado de ánimo son agitación, irritación, ansiedad o pérdida de placer en las actividades habituales, más que un estado de ánimo deprimido.

Algunas veces no están presentes todos los signos y síntomas de la depresión, o se muestran con diferentes niveles de intensidad. Por ejemplo, su síntoma principal puede ser que no puede dormir, y puede no notar ningún otro signo. En la misma forma, su médico puede no ver todo el cuadro completo si, por ejemplo, su preocupación principal es la fatiga. Desafortunadamente, los estudios muestran que los médicos con frecuencia no diagnostican la depresión.

Vergüenza y confidencialidad. Algunas personas sienten pena de buscar ayuda porque temen que la depresión sea un estigma: "¿Pensarán mis familiares o amigos que soy débil? ¿Entenderán?" Las preocupaciones por la confidencialidad en el trabajo evitan también que algunas personas busquen tratamiento: "He escuchado decir a mi supervisor que un compañero con depresión estaba 'simulando' y 'tratando sólo de trabajar menos'. ¿Pensará lo mismo de mí?".

Preocupación por el seguro. Algunas personas se preocupan porque piensan que tendrán dificultad para obtener o mantener la cobertura del seguro si se les diagnostica depresión. Algunos planes de salud no cubren el tratamiento de la depresión. Afortunadamente, estas preocupaciones son menos reales que hace algunos años, pero todavía se necesita mejorar.

Efectos de la enfermedad. Los sentimientos de desesperanza e indefensión de la depresión pueden hacer difícil que se tomen las medidas necesarias para tener tratamiento.

La importancia del tratamiento

La depresión es tratable y a menudo tiene buenos resultados. Con tratamiento apropiado, aproximadamente 8 de cada 10 personas con depresión mejoran y pueden regresar a su vida habitual productiva.

Una vez que sospecha o reconoce la depresión, es crucial que tome las medidas necesarias para tratar la enfermedad. La depresión no tratada puede aumentar el riesgo de otros problemas de salud. Los estudios muestran que incluso una depresión leve puede asociarse a un mal funcionamiento físico y social, mayor riesgo de depresión futura e intentos de suicidio. El tratamiento de la depresión ofrece muchos beneficios.

Mejor calidad de vida

La mayoría de la gente que recibe tratamiento para la depresión presenta cambios notables en dos áreas importantes: las relaciones personales y el desempeño en el trabajo diario.

Relaciones personales. Cuando está deprimido pueden desarrollarse o agravarse los problemas con la gente a su alrededor. La depresión pone un estrés tremendo sobre un matrimonio y otras relaciones personales. Puede decir y hacer cosas que lastiman, como atacar a su compañero o decir que odia todo en su vida o que es desdichado en su matrimonio o relación. Algunas personas que culpan a su matrimonio o a sus relaciones de su infelicidad están deprimidas. Después de tratar la depresión, se sienten a menudo más optimistas y positivas y pueden trabajar eficazmente en un matrimonio o en otra relación que necesite ayuda.

La depresión puede tener también un efecto significativo sobre sus hijos. Enfocado en su propio sufrimiento o inmovilizado por la enfermedad puede no responder a las necesidades de sus hijos. La depresión hace más difícil mantenerse activo, por lo que puede dejar de jugar con los niños o involucrarse en las actividad que acostumbraban disfrutar juntos.

Desempeño en el trabajo. La depresión puede interferir con la capacidad de concentración y memoria, afectando el trabajo diario. O puede tener dificultad para levantarse y llegar a tiempo al trabajo o a la escuela. Si se trata la depresión se puede reducir la presión en el trabajo mejorando el nivel de concentración y durmiendo mejor, por lo que tiene más energía en la mañana.

Prevención de las adicciones

Las personas a quienes no se trata la depresión pueden tener otros problemas, incluyendo adicciones. Los estudios muestran que algunas personas con depresión severa tienen riesgo aumentado de abuso de sustancias. El alcohol y otras drogas para "ahogar sus penas" es una forma en que la gente trata de automedicar la enfermedad. Pero el alcohol o las drogas para aliviar el dolor de la depresión lleva a un círculo vicioso porque el abuso de sustancias puede conducir a la depresión o agravarla.

Mejor salud

La depresión puede tener un amplio rango de efectos físicos. Puede agravar los problemas médicos ya presentes y puede incluso aumentar la probabilidad de desarrollar algunas enfermedades. Tratando la depresión, no sólo se sentirá mejor emocionalmente, sino será físicamente más sano.

Los trastornos asociados a la depresión incluyen:

Insomnio. Mucha gente con depresión tiene dificultad para dormir. Puede tener dificultad para dormirse, puede despertar frecuentemente durante la noche, o puede despertar muy temprano y no volver a dormirse. Tratar la depresión puede mejorar sus patrones de sueño permitiéndole despertar descansado.

Problemas de peso y falta de ejercicio. Alguna personas deprimidas comen en exceso y aumentan de peso. El sobrepeso se asocia a muchos riesgos para la salud, incluyendo riesgo de enfermedad cardíaca, elevación de la presión arterial y diabetes. Otras personas que presentan depresión pierden el apetito, bajan de peso y pueden llegar a estar peligrosamente delgadas.

La gente que siente la falta de energía y motivación que se asocian a la depresión generalmente hace poco ejercicio y no tiene condición física. Incluso la gente que era muy activa antes puede dejar de hacer ejercicio. Tratando la depresión — especialmente cuando se combina con el ejercicio y una dieta saludable — se pueden reducir los riesgos asociados a una mala condición física y a un peso no saludable.

Enfermedad cardíaca y ataque vascular cerebral. La gente deprimida tiene mayor riesgo de ataques cardíacos, insuficiencia cardíaca y ataques cerebrales. Los hombres deprimidos tienen mayor probabilidad de morir por una enfermedad cardíaca.

Como parte de la Encuesta Nacional de Salud y Nutrición, los investigadores estudiaron 5,007 mujeres y 2,886 hombres en Estados Unidos que no tenían enfermedad cardíaca cuando fueron entrevistados. Ocho a 10 años después, los hombres del grupo con depresión tuvieron una probabilidad 2.7 veces mayor de morir por enfermedad cardíaca y 1.7 veces mayor de morir por cualquier otra causa que los hombres que no estaban deprimidos. La depresión no aumentó el riesgo de las mujeres de morir por enfermedad cardíaca, pero las mujeres deprimidas tuvieron una probabilidad dos veces mayor de desarrollar enfermedad cardíaca.

En otro estudio, los investigadores del Grupo Colaborativo de Investigación para el Estudio de la Salud Cardiovascular siguieron a 4,493 personas de 65 años o más que no tenían inicialmente enfermedad cardíaca. Después de seis años, los que informaron más frecuentemente síntomas de depresión tuvieron una probabilidad 40% mayor de desarrollar enfermedad cardíaca que los que se sintieron deprimidos con menor frecuencia. Sin embargo, no todos los estudios de seguimiento encontraron esta asociación entre la depresión y la enfermedad cardíaca.

En otro estudio más, la gente deprimida tuvo una probabilidad cuatro veces mayor de tener un ataque cardíaco en los siguientes 13 años que los que no estaban deprimidos. La depresión después de un incidente cardíaco puede traer también un riesgo aumentado de complicaciones o muerte.

Aunque se requiere una mayor investigación para comprender la relación entre la depresión y la enfermedad cardíaca, los expertos dicen que hay razones plausibles para esta relación mente-cuerpo. El punto principal es que si se trata la depresión se puede disminuir el riesgo de ataque cardíaco o ataque vascular cerebral, o se puede reducir el riesgo de muerte si ha tenido recientemente un ataque cardíaco.

Presión arterial elevada. De acuerdo a un estudio de los Centros de Control y Prevención de Enfermedades, la depresión es un factor de riesgo del desarrollo de presión arterial elevada, una causa importante de enfermedad cardíaca y ataque cerebral. La gente que tiene los niveles más elevados de depresión y ansiedad tuvo el riesgo mayor de desarrollar presión arterial elevada. Pero incluso la gente con niveles intermedios tuvo una mayor probabilidad de desarrollar presión arterial alta. El riesgo es especialmente elevado en los negros.

Otras enfermedades. Algunas investigaciones sugieren una compleja relación entre la depresión y trastornos tales como la enfermedad de Parkinson, la enfermedad de Alzheimer y la osteoporosis (adelgazamiento de los huesos) en las mujeres. No es claro si la depresión en sí hace que una persona sea más vulnerable a estas enfermedades, ni hay una relación clara de causa a efecto. La investigación de estos aspectos se encuentra todavía en una etapa temprana.

Riesgo reducido de episodios recurrentes

Si no se trata, la depresión puede persistir o agravarse. En la mayoría de los casos llega a desaparecer, pero típicamente después de varios meses o años de angustia y deterioro.

La depresión puede regresar y posiblemente ser más severa. Su riesgo de tener otro episodio de depresión aumenta con cada episodio. Si usted ha tenido un episodio de depresión, tiene una probabilidad de 50% de presentar otro. Después de dos episodios, el riesgo aumenta hasta 70% y después de tres o más, es todavía mayor. Los episodios subsecuentes son más prolongados, más severos y más difíciles de tratar. Mientras más pronto se reconozca la depresión — en un primer episodio o en uno subsecuente — más fácil es tratarla.

Prevención del suicidio

El retraso en el diagnóstico y tratamiento de la depresión puede ser mortal. La gente con depresión severa no tratada puede tener una tasa de suicidios hasta de 15%, en comparación con 1% en la población general. La depresión no tratada es la causa número uno de suicidios en Estados Unidos. El riesgo de suicidio aumenta con cada episodio de depresión. Con tratamiento, los pensamientos suicidas generalmente desaparecen.

Capítulo 2

¿Está usted en riesgo?

C on cualquier enfermedad, es natural pensar qué es lo que la causa y si tiene riesgo de desarrollarla. Como muchos otros trastornos complejos, la depresión no tiene respuestas sencillas. La enfermedad puede desarrollarse por diversas razones. Por eso es tan frecuente la depresión.

Las causas precisas de la depresión se están desentrañando todavía, pero los científicos han identificado varios factores de riesgo — eventos y trastornos que aumentan la probabilidad de deprimirse. En muchos casos, la depresión es resultado no de un solo factor, sino de una combinación de factores.

Historia familiar

Si alguien en su familia tiene o ha tenido depresión, no significa necesariamente que usted la desarrollará también. Una historia familiar de depresión, sin embargo, parece aumentar el riesgo. Esto se ha documentado en numerosos estudios que han examinado la depresión en familias. Los hallazgos muestran que los parientes de primer grado — padres, hermanos, hijos — de una persona con depresión tienen un riesgo mayor de desarrollarla que los individuos sin historia familiar de depresión. El aumento en el riesgo puede estar relacionado a la genética, el ambiente familiar, o a ambos.

La investigación indica también que las formas severas de depresión y la depresión de inicio temprano tienen mayor probabilidad de verse en familias.

La depresión severa dura generalmente un periodo significativo, regresa varias veces e incluye pensamientos de muerte o suicidio.

Genética

Los factores genéticos desempeñan un papel en muchas enfermedades humanas. Se tiene susceptibilidad hereditaria a una enfermedad cuando un gen no da las instrucciones correctas para el funcionamiento de las células. Esto puede hacerlo más vulnerable a la enfermedad. Los genes pueden influir también sobre la gravedad o progresión de la enfermedad.

Aunque es claro que una persona puede heredar un riesgo mayor de depresión, el riesgo aumentado no parece resultar de un solo gen defectuoso. Más bien está relacionado con la interacción de múltiples genes. Además, los factores genéticos solos probablemente no son suficientes para precipitar la enfermedad — otros factores intervienen también. Los investigadores han encontrado evidencias de factores genéticos y no genéticos en la depresión. Los estudios muestran que:

- Los niños adoptados cuyos padres biológicos tuvieron depresión, tienen mayor probabilidad de presentar depresión que los niños adoptados que no tienen historia familiar de depresión. Esto sugiere una relación genética.
- Los gemelos idénticos, que comparten los mismos genes, tienen tasas más elevadas de presentar depresión en ambos gemelos que los gemelos fraternos, que comparten sólo algunos de los mismos genes. Esto sugiere también una relación genética.
- Entre los gemelos idénticos, cuando un gemelo presenta depresión, sólo en 40% de los casos el otro gemelo la presenta. Esto indica que otros factores, como el estrés o la enfermedad, desempeñan también un papel. Si la genética fuera la única responsable de la depresión, la ocurrencia sería de 100%.

Situaciones estresantes

Nadie pasa por la vida sin problemas. Aunque las pérdidas y las dificultades de la vida pueden estimular el crecimiento personal o espiritual, pueden conducirlo también a una espiral descendente. El estrés va desde los problemas diarios, como los congestionamientos del tráfico y las preocupaciones económicas, hasta los eventos mayores de la vida, como el rompimiento de una relación significativa o la muerte de un familiar. Pasar por un evento estresante en la vida no significa que se deprimirá, pero puede aumentar el riesgo.

Muerte y otras pérdidas

Una pérdida significativa — incluso la amenaza de una pérdida — es uno de los factores precipitantes más frecuentes de la depresión. La mayoría de la gente sale finalmente del pesar y la tristeza, pero otros se deprimen. La pérdida reciente de un ser querido se asocia frecuentemente al desarrollo de depresión. Para un niño pequeño la muerte de uno de los padres puede ser especialmente difícil. Otras pérdidas, como un despido laboral, pueden conducir también a enfermedad. La gente que ha presentado depresión en el pasado es más vulnerable a la depresión después de una pérdida significativa.

Dificultades en las relaciones

Las dificultades en el matrimonio o en otra relación íntima pueden precipitar un episodio de depresión. En particular, el divorcio o el rompimiento de otra relación significativa son un precursor frecuente de la depresión. De acuerdo al estudio de Epidemiología del Área de Influencia — una encuesta integral de 18,571 personas de cinco ciudades de EUA — los individuos divorciados o separados tuvieron una probabilidad dos veces mayor que los individuos casados de presentar una enfermedad mental. Las relaciones no evitan el estrés, pero parecen servir como amortiguador del impacto de los problemas de la vida.

Eventos importantes de la vida

Cualquier problema grande o cambio en la vida puede aumentar el riesgo de deprimirse, especialmente si tiene una tendencia hereditaria para la depresión. Los cambios de la vida pueden ir desde sobrevivir a una catástrofe, como un accidente automovilístico grave, hasta los cambios naturales, como la pubertad o la jubilación. Su perspectiva general de la vida influye sobre la forma en que maneja estos cambios. Algunas personas podrían ver la jubilación como un final y una pérdida, conduciendo a síntomas de depresión. Otros aceptan la jubilación como un cambio positivo.

Cómo colocar el problema en perspectiva

¿Por qué algunas personas se hunden en la depresión por las dificultades mayores de la vida mientras que otras aparentemente pueden navegar a través de ellas? Hay muchas razones para esto, pero un factor puede ser el estilo individual de enfrentar las dificultades. Un estilo activo de solución de problemas tiene menor probabilidad de terminar en depresión que un estilo pasivo enfocado en las emociones. Un estilo positivo incluye:

- Tener un fuerte apoyo social de amigos y familiares
- Tratar de tomar un punto de vista positivo de la situación
- Usar estilos de solución de problemas para enfrentar la situación
- Discutir los problemas y preocupaciones con otros y mantener las amistades

Estrés en el trabajo

Las caricaturas populares dan testimonio del estrés común y exasperante del trabajo en la vida moderna. En algunos estudios recientes de las industrias de los seguros, casi la mitad de los trabajadores de países desarrollados o en desarrollo refirieron que su trabajo es muy o sumamente estresante, y más de una cuarta parte dijeron que su trabajo era la fuente mayor de estrés en su vida. De acuerdo con algunos estudios, las corporaciones pierden aproximadamente 16 días de productividad al año por trabajador debido a estrés, ansiedad y depresión.

Las madres que trabajan también enfrentan el estrés de cubrir el "segundo turno" — frecuentemente asumiendo la responsabilidad principal en el cuidado del hogar y los hijos. De acuerdo con el Centro de Investigación sobre Mujeres en Wellesley College, tener hijos les da a las madres que trabajan un mayor desarrollo mental y emocional, pero también incrementa la tensión entre el trabajo y la familia — lo que aumenta el riesgo de depresión.

Experiencias pasadas

La gente que ha sobrevivido a eventos profundamente turbadores del pasado, como el abuso en la infancia, la guerra o presenciar un crimen, tienen mayor riesgo de desarrollar depresión que los que no han tenido esas experiencias. El estrés abrumador puede precipitar varias respuestas en el cuerpo con efectos duraderos sobre la salud física y mental.

En un estudio de casi 10,000 adultos, se determinó que mientras más experiencias traumáticas tiene una persona en la infancia, mayor es la probabilidad de desarrollar depresión. Varios aspectos de un ambiente familiar difícil pueden poner a los niños en riesgo de depresión cuando sean adultos. Estos incluyen:

- Un alto nivel de conflicto entre los padres
- La violencia familiar
- El abuso
- La pérdida de uno de los padres debida a separación, divorcio o muerte
- La enfermedad de uno de los padres

Los científicos han tratado de explicar la relación entre traumas pasados y depresión. Se relacionan en parte a la forma en que el cuerpo humano responde al peligro y al estrés. Al confrontar un peligro real o percibido, su cuerpo se prepara para enfrentar el reto ("lucha") o acumular suficiente energía para alejarse del problema ("huida"). Esta respuesta de lucha o huida es resultado de la liberación de hormonas que hacen que su cuerpo cambie a un estado de máxima energía. Estos cambios pueden influir sobre la actividad cerebral, alertando más su cerebro al estrés.

Pero las hormonas son sólo una parte de la ecuación. La capacidad para enfrentar el estrés es otro factor clave. Los niños aprenden con el ejemplo. Si no le han enseñado habilidades para enfrentar los problemas cuando está creciendo, puede tener menor capacidad para enfrentar el estrés siendo adulto, y puede presentar más estrés que una persona con mejor capacidad para enfrentar los problemas.

Abuso en la infancia

Cualquier forma de abuso durante la infancia — sexual, físico o emocional — puede hacer a una persona más vulnerable a la depresión. Un estudio de casi 2,000 mujeres reveló que las que tenían historia de abuso sexual o físico en la infancia presentaron más signos y síntomas de depresión y ansiedad e intentaron el suicidio más frecuentemente que las mujeres sin historia de abuso en la infancia. Las mujeres que han sufrido abuso en la infancia tienen una probabilidad cuatro veces mayor de desarrollar depresión en la vida adulta.

El abuso sexual en la infancia puede ser una experiencia devastadora. Se estima que 6% a 15% de las mujeres han sufrido alguna forma de abuso sexual durante la infancia. El abuso sexual en la infancia es menos frecuente en los hombres, pero ocurre y es igualmente traumático. Una gran cantidad de estudios ha mostrado una clara relación entre el abuso sexual en la infancia y la depresión en la vida adulta.

Estrés postraumático

Antes se llamaba choque del bombardeo o fatiga del combate. El término moderno es trastorno de estrés postraumático (TEPT) y puede afectar a la gente que ha pasado por un evento horrendo. Además del combate militar, otros eventos aterradores que pueden precipitar el trastorno de estrés postraumático incluyen la violación, la tortura, un accidente automovilístico grave o un desastre natural.

La gente con el trastorno de estrés postraumático presenta a menudo la visión de escenas pasadas, pesadillas, problemas del sueño, insensibilidad emocional o explosiones emocionales súbitas, pérdida del placer, un reflejo exagerado de sobresalto y problemas con la memoria y concentración. Tienen también un riesgo aumentado de desarrollar otra enfermedad mental, incluyendo la depresión. El trastorno de estrés postraumático y la depresión ocurren a menudo juntos.

Crecer con un alcohólico

Algunos estudios que comparan los hijos de alcohólicos con los hijos de no alcohólicos cuando llegan a la vida adulta, muestran que los hijos de alcohólicos tienen mayor probabilidad de presentar síntomas de ansiedad y depresión. Pero no todos los estudios han encontrado diferencias entre estos dos grupos.

La relación entre el alcoholismo de uno de los padres y la depresión en los hijos parece complicada. Es difícil distinguir los efectos del alcoholismo de los padres de otros factores sociales y psicológicos, como las relaciones familiares disfuncionales, la depresión o alguna otra enfermedad mental en los padres, y el trauma, abuso o descuido en la infancia.

Los estudios de familias han encontrado tasas elevadas de depresión en los parientes de alcohólicos. Esto podría ser resultado de una mayor prevalencia de trastornos del estado de ánimo en estas familias, o una relación genética entre el alcoholismo en la familia y la depresión. Además, el estrés de vivir en una familia alcohólica puede aumentar el riesgo de depresión por razones no relacionadas con la genética.

Dependencia química

La dependencia del alcohol o las drogas puede incrementar el riesgo de depresión. Treinta a sesenta por ciento de la gente con problemas de abuso de sustancias — alcohol, medicamentos de prescripción o drogas ilícitas — presentan también un trastorno del estado de ánimo o ansiedad. Aproximadamente 20% de la gente que abusa de las drogas está deprimida o ha tenido depresión en el pasado. De la gente que abusa del alcohol, 30% cumple con los criterios médicos de la depresión. Cuando la depresión y la dependencia química ocurren simultáneamente, pueden ser independientes entre sí, o una puede ser resultado de la otra.

Muchos investigadores han cuestionado si es posible heredar una tendencia tanto al alcoholismo como a la depresión. Los investigadores del Instituto Nacional de Abuso del Alcohol y Alcoholismo analizaron datos de una encuesta de 42,862 adultos de EUA de 18 años de edad o más y encontraron que una historia familiar de alcoholismo aumenta la probabilidad de que una persona presente tanto alcoholismo como depresión. Tanto los hombres como las mujeres con un pariente alcohólico tienen mayor probabilidad de desarrollar depresión que los que no tienen un pariente alcohólico. Las mujeres con un pariente alcohólico tienen un riesgo ligeramente mayor de depresión que los hombres con un pariente alcohólico. Los investigadores creen que los factores genéticos que contribuyen al alcoholismo y a la depresión pueden sobreponerse, pero no son exactamente iguales.

Medicamentos de prescripción

El uso a largo plazo de algunos medicamentos de prescripción puede causar síntomas de depresión en algunas personas. Estos medicamentos incluyen:

- Corticoesteroides, como la prednisona
- Interferón, un fármaco antiinflamatorio
- Algunos broncodilatadores utilizados para el asma y otros trastornos pulmonares, incluyendo la teofilina
- Estimulantes, incluyendo algunas píldoras para la dieta, usadas a largo plazo

- Medicamentos para dormir y algunos medicamentos antiansiedad (benzodiazepinas), incluyendo diazepam y clordiazepóxido, utilizados a largo plazo.
- Isotretinoína, un medicamento para tratar el acné
- Algunos medicamentos para la presión arterial y el corazón, incluyendo el propranolol
- Anticonceptivos orales
- Medicamentos anticáncer, como el tamoxifeno

La supresión súbita de algunos medicamentos, especialmente los corticoesteroides puede también llevar a depresión.

Condiciones médicas

Muchas otras enfermedades y trastornos pueden causar síntomas de depresión, directa o indirectamente. Algunas enfermedades hormonales tienen una relación directa con el desarrollo de la depresión. En otros tipos de enfermedades, la relación puede ser más indirecta. La artritis, por ejemplo, puede causar dolor e interferir con su calidad de vida. Estos factores, a su vez, pueden alterar su estado de ánimo y sus perspectivas, causando depresión.

Enfermedades relacionadas con las hormonas

Los problemas tiroideos se asocian frecuentemente a depresión. La glándula tiroides produce y libera hormonas que ayudan a regular su temperatura corporal, frecuencia cardíaca y metabolismo, incluyendo la eficiencia con la que quema las calorías. Si la glándula libera demasiada hormona (una tiroides hiperactiva) su metabolismo es muy rápido. Si libera poca hormona (una tiroides hipoactiva) su metabolismo es lento.

Tener una tiroides hipoactiva (hipotiroidismo) puede causar depresión. Muchos médicos determinan rutinariamente los niveles de hormonas tiroideas antes de establecer el diagnóstico de depresión. Si usted tiene una tiroides hipoactiva, el médico le prescribirá hormona tiroidea para compensar la deficiencia. Este tratamiento generalmente resuelve este tipo de depresión.

Otros trastornos que derivan de desequilibrios hormonales pueden también precipitar la depresión. Incluyen trastornos de la glándula paratiroides y de las glándulas suprarrenales (enfermedad de Cushing y enfermedad de Addison).

Enfermedad cardíaca

Así como la depresión aumenta su riesgo de desarrollar enfermedad cardíaca o de tener un ataque cardíaco, lo inverso también es cierto. Treinta por ciento de la gente hospitalizada por cardiopatía coronaria — obstrucción en las arterias que llegan al corazón — presenta cierto grado de depresión. Y hasta la mitad de la gente que ha tenido un ataque cardíaco tiene depresión.

Ataque cerebral

Un ataque cerebral ocurre cuando un vaso sanguíneo en el cerebro se bloquea o rompe, disminuyendo el aporte de sangre al cerebro. La gente que ha tenido un ataque cerebral tiene mayor riesgo de desarrollar depresión. La enfermedad es una de las complicaciones más frecuentes del ataque cerebral, afecta hasta 40% de la gente en los dos primeros años después del ataque. Su grado de deterioro físico después de un ataque cerebral no coincide con el riesgo de depresión. Gente con deterioro leve tiene el mismo riesgo que los que tienen un deterioro más importante.

Puede ser difícil distinguir los signos y síntomas de la depresión de los efectos del ataque cerebral, que pueden incluir dificultades con la memoria, agitación y fatiga. Una historia previa de depresión puede aumentar más el riesgo de depresión después de un ataque cerebral. La depresión aumenta también el riesgo de muerte después de un ataque cerebral.

Cáncer

El cáncer generalmente lleva a depresión. Hasta una de cada cinco personas con cáncer tiene depresión. Las tasas son un poco mayores en las personas con cáncer avanzado. En los adultos con cáncer que están hospitalizados, las tasas de depresión varían entre 23% y 60%. La gente que tiene historia de depresión tiene mayor probabilidad de deprimirse después de desarrollar cáncer.

La depresión a menudo no se reconoce y no se trata en la gente con cáncer por dos razones. La tristeza y el pesar son reacciones naturales al cáncer y pueden semejar depresión. También se sobreponen signos y síntomas como pérdida de peso y fatiga. Además, los médicos y el público en general están tentados de decir, "Yo estaría deprimido también si tuviera cáncer", como si el hecho de que esta asociación sea comprensible liberara a los médicos y familiares o amigos de hacer algo al respecto. Considere esto: si encuentra un hombre que está sangrando profusamente después de haberse cortado con una sierra, diría, "Yo también estaría sangrando si me cortara con una sierra" y, ¿seguiría entonces su camino? Probablemente su respuesta sería buscar ayuda para ese hombre.

El tratamiento de la depresión ha mostrado que ayuda a mejorar el estado de ánimo, el sistema inmune y la calidad de vida en la gente con cáncer.

Enfermedad de Alzheimer

La depresión es frecuente en la gente que tiene enfermedad de Alzheimer, un deterioro progresivo del cerebro que causa pérdida de la memoria y desorientación. Aproximadamente 40% de la gente con enfermedad de Alzheimer tiene estado de ánimo deprimido y 20% desarrolla depresión. Las pistas de la presencia de depresión en alguien que tiene enfermedad de Alzheimer pueden incluir irritabilidad y agitación. El tratamiento puede mejorar la depresión, pero no detiene la progresión de la enfermedad de Alzheimer.

Enfermedad de Parkinson

Igual que en la enfermedad de Alzheimer, la depresión es un acompañante frecuente de la enfermedad de Parkinson, que afecta el sistema nervioso y puede producir temblor, movimientos rígidos y una postura encorvada. Cuarenta a cincuenta por ciento de la gente con enfermedad de Parkinson desarrolla depresión. La falta de apetito y las alteraciones del sueño pueden ser más severas en una persona con enfermedad de Parkinson y depresión.

Un estudio internacional importante, la Encuesta Global de la Enfermedad de Parkinson, examinó los factores que influyen sobre la calidad de vida de la gente con enfermedad de Parkinson. El estudio encontró que el factor más inquietante e incapacitante fue la depresión, más que las limitaciones físicas causadas por la enfermedad o los efectos de los medicamentos.

Los investigadores han observado que la depresión precede a menudo al desarrollo de la enfermedad de Parkinson y de la enfermedad de Alzheimer, algunas veces en más de una década. Especulan que la depresión podría ser un factor de riesgo del desarrollo de estas enfermedades, pero no se ha establecido ninguna relación definida.

Apnea obstructiva del sueño

La apnea obstructiva del sueño se caracteriza por ronquidos fuertes y patrones de respiración irregular mientras usted duerme. La depresión acompaña frecuentemente a la apnea obstructiva del sueño y puede mejorar dramáticamente con tratamiento adecuado del trastorno del sueño.

Dolor crónico

El dolor crónico y la depresión a menudo van de la mano. El dolor persistente combinado con el estrés diario crea a menudo una situación emocional de la que puede ser difícil salir. Los estudios indican que hasta la mitad de la gente que tiene dolor crónico presenta depresión leve a severa.

Otras enfermedades y trastornos

Otros trastornos médicos que pueden aumentar el riesgo de depresión incluyen enfermedades de los riñones, artritis reumatoide, enfermedades pulmonares crónicas, SIDA e infección por el virus de la inmunodeficiencia humana (VIH), un tumor o traumatismo cerebral, lesiones de la médula espinal, diabetes, esclerosis múltiple, epilepsia y deficiencias de vitaminas.

Aspectos psicológicos

¿Está el vaso medio lleno o medio vacío? La forma en que contesta a esta pregunta puede influir sobre su riesgo de depresión. Ciertos rasgos de personalidad pueden hacerlo más vulnerable a la depresión. Puede ser más propenso a la depresión si:

* Tiene baja autoestima
* Es demasiado crítico
* Es habitualmente pesimista
* Se abruma fácilmente por el estrés

Optimistas contra pesimistas

En los últimos 25 años, los estudios han mostrado que la gente pesimista se deprime más fácilmente que la gente optimista. Los pesimistas tienen también una peor salud, usan el sistema de atención de la salud más frecuentemente y pueden morir antes que los optimistas. Un estudio de la Clínica Mayo publicado en febrero del 2000 encontró que la gente que tiene perspectivas optimistas vive generalmente más y tiene una vida más saludable que los pesimistas. Los investigadores de la Clínica Mayo encuestaron a un grupo de gente que había respondido a un cuestionario de personalidad 30 años antes y compararon los resultados de cada individuo con su vida actual y su estado de salud. Encontraron que la tasa de supervivencia en los optimistas fue mejor de lo esperado y que los pesimistas tuvieron un riesgo aumentado de muerte prematura.

Los pesimistas tienden a interpretar los eventos malos en forma diferente a los optimistas. Se culpan a ellos mismos y ven los eventos como permanentes y penetrantes: "Este problema va a durar siempre y va a afectar todo". En contraste, los optimistas ven a menudo los malos eventos como específicos, temporales y controlables.

Impotencia aprendida

Cuando la gente está en una situación difícil, como una relación abusiva, puede llegar a creer que sus esfuerzos para controlar, cambiar, predecir o evitar la situación no funcionarán, independientemente de lo que hagan. Como resultado, dejan de intentarlo — pierden las esperanzas. Esta "impotencia aprendida" puede desarrollarse en una respuesta común a otras facetas de la vida, incluyendo el trabajo, las relaciones familiares y los problemas de salud. Los expertos creen que la impotencia aprendida hace a un individuo más susceptible a la depresión.

Otras enfermedades mentales

Por lo general, la depresión y otras enfermedades mentales van de la mano. Los médicos se refieren a menudo a esto como trastornos concomitantes.

Trastornos de ansiedad

Todos nos preocupamos ocasionalmente. Pero las preocupaciones pueden ser abrumadoras e interferir con su capacidad para disfrutar y participar completamente de la vida. La preocupación exagerada o persistente es un síntoma del trastorno de ansiedad. Como la depresión, los trastornos de ansiedad son frecuentes y ocurren aproximadamente en 17% de la población.

La depresión acompaña frecuentemente a la ansiedad. Hasta 60% de la gente con un trastorno de ansiedad desarrollan también depresión. Los tipos de trastornos de ansiedad incluyen:

Trastorno generalizado de ansiedad. La gente con este trastorno presenta ansiedad excesiva y preocupaciones difíciles de controlar. Sus preocupaciones pueden acompañarse también de temor de que algo malo está por suceder. Otros síntomas pueden incluir inquietud, fatiga, dificultad para concentrarse e irritabilidad.

Trastorno de ansiedad social. La gente con el trastorno de ansiedad social, también llamado fobia social, tiene un temor excesivo de las situaciones sociales. Puede presentar ansiedad cuando se reúne con extraños, habla por teléfono o asiste a fiestas. O puede tener temor de una situación particular, como hablar en público o ser observados al estar comiendo. Aproximadamente un tercio de la gente con fobia social tienen depresión también.

Trastorno de pánico. Las principales características del trastorno de pánico son ataques de pánico y temor de un ataque. Durante el ataque de pánico, usted siente un terror súbito e inexplicable. Los signos y síntomas pueden incluir palpitaciones, sudoración, temblor, dificultad para respirar, dolor en el pecho, náusea, mareo y hormigueo. Puede pensar que se está "volviendo loco" o que va a morir.

Más de una tercera parte de personas informan que han tenido un ataque de pánico en algún momento de su vida. La gente con trastorno de pánico presenta ataques de pánico repetidos. La depresión afecta hasta la mitad de la gente con trastorno de pánico.

Trastorno obsesivo-compulsivo. Mucha gente presenta pensamientos obsesivos y comportamientos compulsivos en algún momento. Las obsesiones son pensamientos intrusos, irracionales, que se repiten. Las compulsiones son rituales repetitivos, como verificar que las puertas estén cerradas con llave o que la cafetera esté apagada. En la gente que tiene el trastorno obsesivo compulsivo (TOC), los pensamientos obsesivos y los comportamientos compulsivos se adueñan de su vida, interfiriendo con su capacidad para funcionar.

El Instituto Nacional de Salud Mental calcula que este trastorno afecta a más de 2% de la población de EUA — entre 4 millones y 6 millones de personas.

Trastornos de la alimentación

La depresión es frecuente en la gente que tiene trastornos de la alimentación. Los individuos con un trastorno de la alimentación pueden tener una susceptibilidad genética para el trastorno, depresión, o ambas. La depresión puede contribuir a un trastorno de la alimentación, o puede ser el resultado de uno de los siguientes trastornos:

Anorexia nerviosa. La gente con anorexia nerviosa tiene un temor intenso de engordar y puede bajar de peso hasta llegar a la desnutrición. No comer suficiente alimento priva a su cuerpo de energía y nutrientes, lo que puede contribuir a la depresión.

Bulimia nerviosa. La bulimia nerviosa implica también problemas con la imagen corporal y temor de engordar. Los individuos con este trastorno comen en exceso y luego vomitan o hacen demasiado ejercicio para contrarrestar el efecto. Pueden tener una sensación de vergüenza o autoaversión, que puede llevar a la depresión.

Trastorno de comer excesivamente. La gente que tiene el trastorno de comer excesivamente pierde el control de su alimentación, a menudo cuando tienen el ánimo deprimido. Esto afecta su autoestima, que agrava su estado deprimido y a menudo precipita otro episodio de comida excesiva.

Trastorno corporal dismórfico

La gente con el trastorno corporal dismórfico (TCD) está preocupada por un defecto real o imaginario en su aspecto. Pueden verse en los espejos constantemente, usar maquillaje para cubrir el "defecto" o se someten a numerosas cirugías cosméticas.

La gente con TCD tiene baja autoestima y se siente avergonzada, indigna, defectuosa y desconcertada. La depresión afecta hasta tres cuartas partes de la gente con TCD.

Trastorno de personalidad limítrofe

La gente con trastorno de personalidad limítrofe (TPL) tiene típicamente relaciones frustrantes e inestables, temores intensos de abandono, explosiones de rabia y sentimientos de vacío. Pueden participar en comportamientos de riesgo, como juegos de azar, gastar dinero irresponsablemente, beber alcohol excesivamente e intentos de suicidio.

Este trastorno difícil e incapacitante de la personalidad afecta principalmente a las mujeres. La depresión y la ansiedad se asocian frecuentemente con el TPL y la gente con este trastorno a menudo tiene antecedentes familiares de enfermedad depresiva. Los trastornos de la personalidad causan a menudo problemas personales y laborales graves, que pueden llevar también a la depresión.

Capítulo 3

Biología de la depresión

Los múltiples factores de riesgo de la depresión descritos en el Capítulo 2 muestran que la depresión puede desarrollarse por diversas razones. Puede ser difícil imaginar que en alguna forma estos factores compartan un vínculo común. Pero una evidencia creciente sugiere que todos — directa o indirectamente — pueden precipitar cambios en el funcionamiento cerebral.

En décadas recientes los científicos han establecido que los cambios de la actividad cerebral y la depresión van de la mano. Pero muchos detalles no están claros todavía. Los investigadores no saben con certeza qué es lo que está mal en el funcionamiento del cerebro que es la causa de depresión, y si el patrón es siempre el mismo. Puede haber causas diferentes en distintas personas.

Una parte de la razón por la que tantas preguntas quedan sin respuesta es que el cerebro es un órgano increíblemente complejo y difícil de estudiar. La investigación intensa probablemente proporcione más información en los años venideros. Mientras tanto, aquí presentamos los hallazgos clave que han ayudado a los investigadores y a los médicos a comprender mejor la biología de la depresión.

Estudios en familias, adoptados y gemelos

Los científicos creen que algunas personas tienen una vulnerabilidad para la depresión, igual que otras personas tienen vulnerabilidad para el cáncer o la enfermedad cardíaca. Esto no significa que si uno de sus padres tiene o ha tenido depresión usted esté destinado a tenerla. Más bien significa que usted ha heredado uno o más genes que aumentan el riesgo de desarrollar depresión.

Familias

Muchos estudios han examinado la depresión en las familias. Estos estudios encontraron que los familiares de una persona que tiene o que ha tenido depresión en el pasado tienen una mayor probabilidad de desarrollar depresión. Las historias de las familias muestran que la depresión pasa frecuentemente de una generación a la siguiente.

Niños adoptados

Los investigadores han estudiado a hombres y mujeres adoptados siendo niños. Encontraron que los individuos adoptados cuyos padres biológicos tuvieron depresión tienen mayor probabilidad de desarrollar depresión que los individuos adoptados cuyos padres biológicos no tuvieron depresión. Esto contradice la idea de que usted "aprende" a estar deprimido de un padre deprimido.

Gemelos idénticos

La investigación en gemelos proporciona la evidencia más convincente de que la depresión tiene un componente genético. Estos estudios mostraron que cuando un gemelo desarrolla depresión, el gemelo idéntico tiene mayor probabilidad que un gemelo fraterno de desarrollar la enfermedad también. Esto se debe a que los gemelos idénticos tienen la misma composición genética, mientras que los gemelos fraternos comparten sólo algunos genes.

La investigación continúa

Hasta ahora, los científicos no han podido identificar genes específicos que aumenten el riesgo de depresión en un individuo, pero siguen buscando. Es poco probable que un solo gen sea responsable de la depresión en la mayoría de la gente. Es más probable que varios genes estén implicados. Identificar los genes asociados a la depresión no significa necesariamente que los médicos podrán prevenir la enfermedad, pero la información podría llevar a un mejor diagnóstico y tratamiento.

Sin embargo, si un gemelo idéntico presenta depresión, eso no significa que el otro gemelo está destinado a tener depresión también. Como se mencionó en el Capítulo 2, de los gemelos idénticos que presentan depresión, sólo en 40% de los casos ambos gemelos desarrollan depresión. Esto sugiere que los genes, aunque importantes, son sólo parcialmente responsables de la enfermedad. Además de la composición genética, los factores ambientales desempeñan un papel clave en el desarrollo de la depresión. Por eso la depresión puede ocurrir en personas que no tienen historia familiar de la enfermedad.

Estudios hormonales

Los estudios en personas deprimidas muestran que algunas tienen cantidades anormales de ciertas hormonas en la sangre. Los investigadores creen que el aumento o disminución de la producción de ciertas hormonas puede interferir con la química natural del cerebro y llevar a la depresión.

Con excepción de la hormona tiroidea, los niveles de otras hormonas no se determinan rutinariamente cuando se diagnostica o se trata la depresión. Sin embargo, en ciertas circunstancias el médico puede preferir verificar otros niveles hormonales.

Hormonas tiroideas

Cuando la glándula tiroides no funciona adecuadamente, puede causar uno de dos tipos de problemas:

- Libera demasiada hormona tiroidea (hipertiroidismo)
- Libera muy poca hormona tiroidea (hipotiroidismo)

Cualquiera de estos trastornos puede llevar a la depresión, pero la depresión tiende a ser más frecuente en el hipotiroidismo.

Hormonas adrenales

Las glándulas suprarrenales están localizadas cerca de los riñones y producen varias hormonas que desempeñan un papel clave en las actividades del cuerpo, como el metabolismo, la función inmune y la respuesta al estrés. Los estudios muestran que algunas personas con depresión tienen demasiada hormona adrenal, cortisol, en la sangre. El exceso de cortisol puede alterar directamente la función cerebral o el equilibrio natural de los mensajeros químicos (neurotransmisores) en el cerebro.

La depresión es también un síntoma frecuente de enfermedad de Cushing, que resulta de un exceso de producción de hormonas adrenales. Con mayor frecuencia, la depresión es un efecto secundario del tratamiento con prednisona. La prednisona es un medicamento semejante al cortisol que se utiliza para tratar trastornos inflamatorios, incluyendo el lupus eritematoso sistémico, la artritis reumatoide y el asma. Cuando termina el tratamiento de la enfermedad de Cushing y los niveles de cortisol regresan a lo normal, o cuando la dosis de prednisona se reduce o se suspende el medicamento, los síntomas de depresión a menudo disminuyen o desaparecen.

Hormonas del estrés

Dentro del cerebro existe un área llamada hipotálamo, que regula la secreción de hormonas. Produce y libera proteínas pequeñas (péptidos) que actúan sobre la glándula pituitaria en la base del cerebro. Estos péptidos estimulan o inhiben la liberación de varias hormonas a la corriente sanguínea. Cuando el cerebro percibe una amenaza potencial, alerta a lo que se conoce como el eje HPA —hipotálamo, glándula pituitaria y glándulas suprarrenales. Estos forman el sistema hormonal que regula la respuesta del cuerpo al estrés. El eje HPA libera diversas hormonas, incluyendo cortisol, que lo ayudan a enfrentar la amenaza o a alejarse del posible peligro.

Muchos estudios muestran que la gente con depresión tiene actividad aumentada del eje HPA. Esto puede ser un problema, porque algunas áreas de su cerebro son sensibles a la actividad de las hormonas del estrés. El exceso de hormonas puede alterar la memoria y la capacidad para funcionar. Se cree que el aumento de cortisol y otras hormonas durante periodos de estrés — especialmente durante el estrés crónico o un episodio de estrés importante — desorganiza la química natural del cerebro, aumentando el riesgo de depresión.

Hormonas sexuales

Las hormonas sexuales, estrógenos (en la mujer) y testosterona (en el hombre) afectan desde el impulso sexual hasta la memoria. Influyen sobre la forma como se siente, como piensa y como se comporta. Las hormonas sexuales parecen proporcionar también protección para diversas enfermedades, incluyendo la depresión. Aunque la relaciones entre las hormonas sexuales y la depresión no se comprenden bien todavía, para algunas personas el problema puede empezar cuando los niveles de estas hormonas disminuyen.

Estrógenos. Las mujeres tienen mayor riesgo de depresión que los hombres, y los estrógenos pueden ser una de las razones. Se cree que los estrógenos alteran la actividad de los neurotransmisores que contribuyen a la depresión. Muchas mujeres presentan un estado de ánimo deprimido durante la fase premenstrual de sus ciclos mensuales. Algunas sufren de depresión posparto después del nacimiento de un bebé. Otras presentan depresión alrededor de la menopausia. Todos estos son tiempos en que los niveles de estrógenos disminuyen.

Testosterona. Una vez que los hombres llegan a la mitad de la vida, pueden tener un riesgo aumentado de depresión. La disminución de la hormona masculina testosterona puede ser un factor contribuyente. Los niveles máximos de testosterona en los hombres se alcanzan a los 20 años de edad, y después disminuyen lentamente. La disminución se vuelve más significativa después de los 50 años. La información sobre la relación entre la testosterona y la depresión es escasa. Los investigadores sugieren que existen algunas evidencias de una relación entre los niveles de testosterona y la depresión en algunos hombres. La importancia de esa relación no se ha determinado todavía.

Estudios de imagenología del cerebro

La técnica de imagenología del cerebro ha permitido a los investigadores llegar más allá de la especulación para ver de hecho lo que ocurre en el cerebro durante los periodos de depresión. Las técnicas avanzadas de imagenología — especialmente la tomografía con emisión de positrones (PET) — hacen posible que los investigadores comparen la actividad del cerebro durante los periodos de depresión y en los periodos sin depresión. (Ver en la página 3 de la sección en color que sigue a este capítulo.) La comparación se hace en diversas formas, incluyendo la determinación de oxígeno y azúcar (glucosa) en la sangre. Mientras más activa es un área del cerebro, más oxígeno y glucosa requieren sus tejidos.

Los estudios que comparan grupos de personas con depresión y sin depresión muestran que las personas con depresión tienen menos actividad en ciertas regiones del cerebro que las personas que no están

Un ambiente estimulante desarrolla los circuitos cerebrales

Al nacer tiene usted billones de células nerviosas (neuronas) en el cerebro esperando activarse y funcionar. Si se utilizan, se conectan con otras neuronas y se vuelven parte de los circuitos del cerebro. Las neuronas que no se usan se pueden perder.

Las regiones del cerebro maduran en diferentes tiempos. Cuando se llega a la adolescencia los circuitos emocionales están maduros. Por lo tanto, lo que aprende hasta ese momento es crucial. Los estudios indican que crecer en un ambiente enriquecido — un ambiente lleno de interacciones sociales positivas y de oportunidades de aprender — lleva generalmente a una mejor estructura y función del cerebro. Se cree que esto, a su vez, resulta en una mayor capacidad para enfrentar el estrés y las emociones.

Los niños que han sufrido abuso o falta de atención tienen una mayor probabilidad de presentar depresión cuando son adultos. El estrés y las amenazas constantes pueden interferir con el desarrollo de sus circuitos emocionales. Cuando un niño está frecuentemente en estado de alerta debido al estrés — cuando más circuitos de los habituales están buscando el peligro inminente — ciertas áreas del cerebro pueden desarrollarse en forma diferente. Esto puede hacer que un niño sea más sensible al estrés y la depresión, incluso en su vida adulta.

Afortunadamente los efectos del estrés severo o persistente a una edad temprana pueden ser reversibles. Los estudios muestran que los niños que tuvieron traumas en la infancia temprana pueden todavía desarrollarse bien si se encuentran posteriormente en un ambiente enriquecido y con atención. Los niños se modelan también por la forma en que los adultos responden al estrés. Si uno de los padres o algún otro adulto tiene respuestas adecuadas al estrés, el niño tiene mayor probabilidad de aprenderlas también.

deprimidas. Esto sugiere que la depresión se relaciona con cambios en el funcionamiento de ciertas células.

Con los estudios de imagenología del cerebro los investigadores han podido presenciar la capacidad del cerebro para cambiar, incluso en la vida adulta. Por ejemplo, las imágenes que comparan la actividad y la función del cerebro antes y después de diferentes tipos de tratamiento pueden mostrar diferencias. En relación con la depresión esto significa que con la ayuda del tratamiento el cerebro puede cambiar y funcionar en una forma más saludable.

Estudios con medicamentos

Los investigadores a menudo aprenden mucho de las enfermedades accidentalmente. Una pista importante de la biología de la depresión se advirtió gracias a un medicamento llamado reserpina, desarrollado para tratar la presión arterial elevada. Cierto número de personas que tomaron reserpina presentó depresión. Para saber por qué la reserpina causaba depresión y tener una mejor comprensión de la química cerebral durante la depresión, los científicos estudiaron los efectos del medicamento sobre la actividad del cerebro. Sus hallazgos y los resultados de otros estudios con medicamentos revelaron la asociación entre la depresión y algunas sustancias químicas del cerebro llamadas neurotransmisores.

Neurotransmisores cerebrales

Imagine que el cerebro es como una red enorme de computación. Todas sus regiones están interconectadas por un complejo sistema de líneas de transmisión. En realidad, las líneas de transmisión son los haces nerviosos. Los extremos de estos haces contienen neurotransmisores que funcionan como mensajeros de datos entre las células nerviosas (neuronas).

Las células nerviosas liberan neurotransmisores en un pequeño espacio (sinapsis) entre una célula nerviosa que envía y una célula nerviosa que recibe. El neurotransmisor se une a un receptor en la célula nerviosa que recibe. Durante la transferencia de información, las señales eléctricas de la célula nerviosa que envía cambian a señales químicas que comunican el mensaje a la célula nerviosa que recibe. Cuando termina la transferencia, la célula que recibe cambia la señal química de nuevo a señal eléctrica. (Ver la ilustración de la página 5 en la sección en color.) La comunicación entre una célula y otra ocurre muy rápidamente, por lo que el cerebro puede reaccionar inmediatamente al mensaje.

Neurotransmisores y depresión

En los primeros años de la investigación de la depresión, se creía que el neurotransmisor norepinefrina era el transmisor probablemente

El regulador cerebral del estado de ánimo

El estado de ánimo y las emociones están influenciados por una parte del cerebro llamada sistema límbico. Esta formado por varias estructuras interconectadas que procesan y responden a los mensajes de sus sentidos y pensamientos.

Un área del cerebro que está conectada intrincadamente con el sistema límbico es el hipotálamo, que regula la liberación de diversas hormonas a la corriente sanguínea. Estas hormonas afectan muchos aspectos de la vida, incluyendo el sueño, el apetito, el deseo sexual y la reacción al estrés. Esta es una parte de la razón por la que la gente con depresión no puede dormir bien o tiene poco apetito. Existe un vínculo biológico.

involucrado en la depresión. Desempeña un papel clave en las respuestas emocionales y está localizado en las regiones en que la actividad del cerebro disminuye durante los periodos de depresión. Los científicos concluyeron que la depresión era resultado de los niveles reducidos de norepinefrina y las compañías farmacéuticas desarrollaron medicamentos antidepresivos que aumentaran la actividad de la norepinefrina en las células del cerebro.

En la década de 1980 se introdujo un nuevo grupo de medicamentos antidepresivos — llamados inhibidores selectivos de la recaptura de serotonina (ISRS). Estos medicamentos actúan principalmente en el neurotransmisor serotonina. Como la norepinefrina, la serotonina es un regulador del estado de ánimo localizado en las regiones del cerebro afectadas por la depresión.

Los niveles de norepinefrina y serotonina — y su equilibrio entre sí — desempeñan un papel en la forma en que reacciona usted a los eventos de la vida diaria, como sentir alegría cuando se ve a un ser querido o llanto cuando se ve una película triste.

Normalmente el cerebro se ajusta para que la emoción coincida adecuadamente con la situación. Pero cuando usted tiene depresión, el nivel de norepinefrina, serotonina o ambas puede no estar sincronizado. Puede quedar detenido en el modo de infelicidad. Como resultado, usted se siente triste todo el tiempo, incluso en situaciones que disfrutaría normalmente.

Anatomía y fisiología

Durante la depresión, la actividad cerebral cambia. Muchos factores desempeñan un papel para ocasionar estos cambios. Las alteraciones en la actividad cerebral pueden estar relacionadas con los genes que usted hereda de sus padres. Pueden originarse en trastornos médicos, incluyendo enfermedades y trastornos que pueden afectar la función hormonal, como las enfermedades de la glándula tiroides y de las glándulas suprarrenales o cambios en la producción de las hormonas sexuales. El estrés, especialmente si es severo o persistente, puede también producir cambios en la actividad cerebral, que pueden precipitar la depresión. Además de las glándulas suprarrenales, la respuesta del cuerpo al estrés incluye las partes del cerebro llamadas hipotálamo y glándula pituitaria.

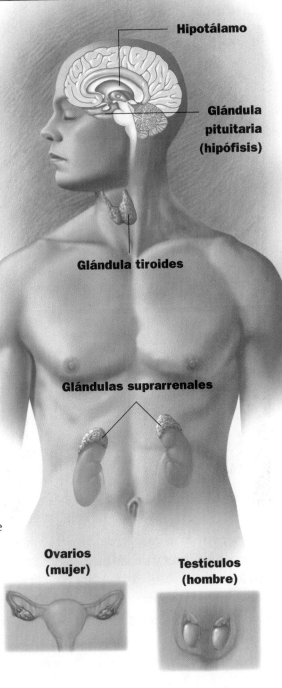

Hipotálamo

Glándula pituitaria (hipófisis)

Glándula tiroides

Glándulas suprarrenales

Ovarios (mujer)

Testículos (hombre)

Imagen del cerebro

Corte axial

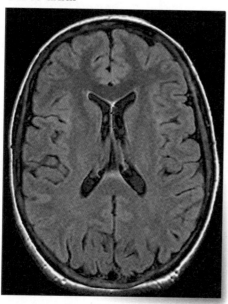

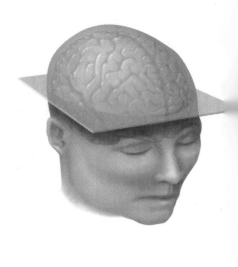

Corte sagital

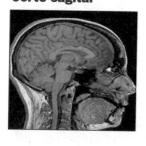

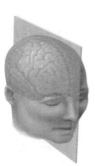

Corte coronal

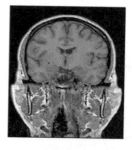

Los avances en la imagen del cerebro han mejorado la comprensión de los investigadores y de los médicos de la biología de la depresión. Los dos tipos principales de sistemas de imagen del cerebro son los que muestran la anatomía y la estructura del cerebro, como se muestra en esta página, y los que muestran la intensidad de la actividad cerebral, como se observa en la página siguiente.

Imágenes de la depresión

No deprimido

Deprimido

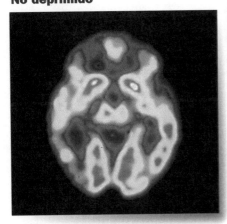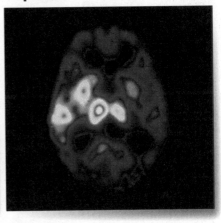

Este es un ejemplo de las diferencias en la actividad cerebral entre una persona que no está deprimida y una persona que presenta depresión. Las partes de color amarillo y naranja indican áreas del cerebro con más actividad cerebral. Durante la depresión, la actividad cerebral está disminuida.

Deprimido   **Manía**   **Deprimido**

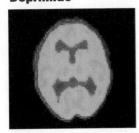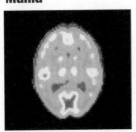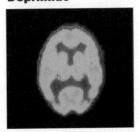

Este es un ejemplo de un individuo con trastorno bipolar que presenta cambios rápidos en el estado de ánimo, de la depresión a la manía y otra vez a la depresión. Como puede ver, la actividad cerebral aumenta de manera importante durante la manía y disminuye durante la depresión.

Las dos imágenes superiores provienen de: Anand Kumar, M.D., *Proceedings of the National Academy of Sciences*, 1993, 90:7019-23. Copyright 1993, American Psychiatric Association. Reimpreso con autorización. Las tres imágenes inferiores provienen de: Louis Baxter, M.D., *Archives of General Psychiatry*, 1985, 42:441-47. Copyright 1985, American Medical Association. Reimpreso con autorización.

Neurotransmisores en acción: De macro a micro

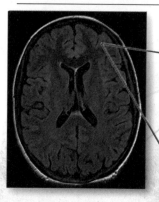

En la fotografía microscópica de la derecha se amplifican las células nerviosas del área indicada en la resonancia magnética (RM) que se muestra arriba.

Esta es la misma sección de las células nerviosas amplificada más. Estas células se comunican entre sí mediante mensajeros químicos llamados neurotransmisores.

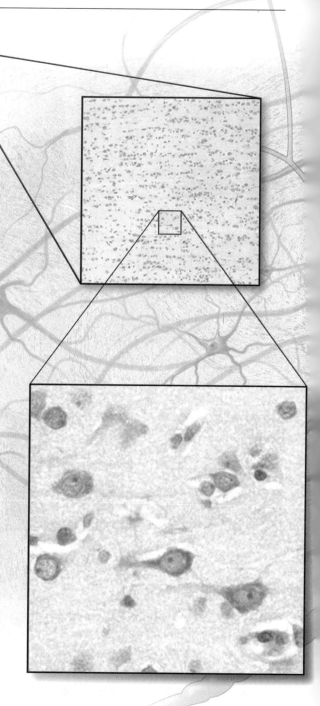

Neurotransmisores en acción: cómo se comunican las células del cerebro

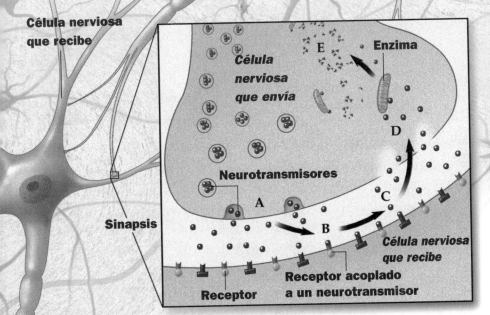

Las células cerebrales se comunican intercambiando mensajes químicos. Cuando una célula nerviosa que envía se comunica con una célula nerviosa que recibe, ocurren los siguientes pasos: (A) Los paquetes celulares que contienen mensajeros químicos (neurotransmisores) son liberados en un espacio (sinapsis) entre las dos células. (B) En la sinapsis un neurotransmisor es atraído y se une a un receptor de la célula nerviosa que recibe. Esto altera la actividad de la célula nerviosa que recibe. (C) Una vez que se completa la comunicación, el neurotransmisor regresa a la sinapsis. (D) El neurotransmisor permanece ahí hasta que penetra de nuevo a la célula nerviosa que envía, proceso llamado recaptura. (E) En la célula, el neurotransmisor se vuelve a empacar para uso futuro o se degrada por enzimas monoaminooxidasas.

Neurotransmisores y depresión

La gente que está deprimida puede tener una cantidad menor de ciertos neurotransmisores en el espacio (sinapsis) entre las células nerviosas que la gente que no está deprimida.

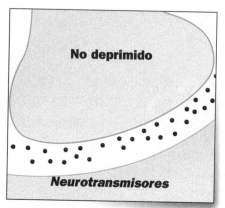

No deprimido

Neurotransmisores

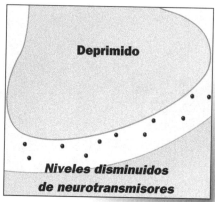

Deprimido

Niveles disminuidos de neurotransmisores

Cómo funcionan los antidepresivos

Los antidepresivos funcionan en formas diferentes para tratar la depresión. Un resultado común de todos estos enfoques es un aumento del nivel o actividad de ciertos neurotransmisores en la sinapsis. Esto hace que la célula nerviosa receptora capte los mensajes en forma más parecida a la gente que no está deprimida.

Inhibidores de la recaptura de neurotransmisores

Algunos antidepresivos funcionan como inhibidores de la recaptura. Interfieren con el paso D, haciendo difícil que los neurotransmisores regresen a la célula nerviosa que envía. Los neurotransmisores se acumulan en la sinapsis en donde puede seguir uniéndose a los receptores de la célula nerviosa que recibe.

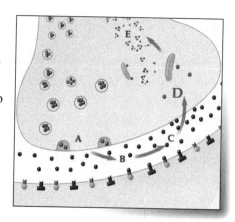

Neurotransmisores y depresión

Bloqueadores de los receptores

Algunos antidepresivos funcionan como bloqueadores de los receptores. Una de las formas en que funcionan los bloqueadores de los receptores es interfiriendo con el paso B y evitando que los neurotransmisores se unan a ciertos receptores. A la célula nerviosa que recibe llegan menos mensajes de los receptores bloqueados, lo que produce un cambio en el equilibrio de los mensajes transmitidos por otros receptores que no están bloqueados.

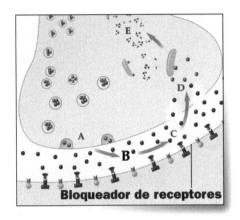

Inhibidores de enzimas

Algunos antidepresivos funcionan como inhibidores de enzimas e interfieren con el paso E. Debido a que no pueden ser degradados por las enzimas monoaminooxidasas, los neurotransmisores se acumulan dentro de la célula. Sin embargo, la célula puede almacenar un número determinado de neurotransmisores. Esto hace que se encuentren más neurotrasmisores en la sinapsis, en donde pueden seguir uniéndose a los receptores de la célula nerviosa que recibe.

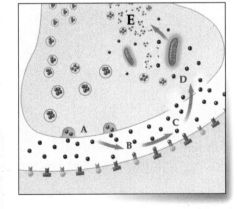

Depresión y envejecimiento

Los cambios en los vasos debidos a la presión arterial elevada, la diabetes o el colesterol alto pueden dañar áreas pequeñas del tejido cerebral. La investigación de la imagen del cerebro sugiere que los adultos de mayor edad con esta forma de daño al tejido cerebral tienen mayor probabilidad de desarrollar depresión. Manteniendo un peso saludable, practicando ejercicio regularmente y teniendo atención médica adecuada y oportuna se puede reducir el riesgo de desarrollar depresión al aumentar la edad.

La imagen superior muestra un cerebro normal. La imagen inferior muestra varias áreas pequeñas de daño cerebral causado por los vasos sanguíneos afectados (ver flechas).

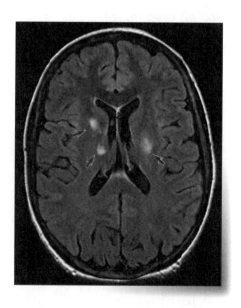

Capítulo 4

Cómo reconocer
y diagnosticar la depresión

La depresión pasa a menudo desapercibida o no es tratada. Los que proporcionan los cuidados de la salud pueden no asociar los síntomas físicos como fatiga, cefalea, dolor o insomnio con la depresión. Y los individuos que están deprimidos niegan o minimizan a menudo sus síntomas, o los racionalizan como estrés únicamente. Mucha gente evita ver a un médico porque asocian equivocadamente un diagnóstico de depresión con una falta de voluntad o carácter. Aunque el estigma asociado con la enfermedad mental está disminuyendo, la falta de conocimientos, la preocupación por la forma en que otros reaccionarán y las inquietudes respecto a la confidencialidad hacen todavía que la gente no busque ayuda.

Al tener la depresión una mayor aceptación como enfermedad entre los médicos y el público en general, su reconocimiento y diagnóstico están aumentando gradualmente.

¿Cuáles son los signos de advertencia?

Todos nos sentimos deprimidos de vez en cuando. La muerte de un amigo cercano, el fin de una relación, la pérdida de un trabajo o alejarse de la casa son todas razones normales para sentirse triste. Después de un tiempo, la mayoría de la gente se recupera de su desesperación y empieza nuevamente a experimentar sentimientos de felicidad. Cuando los sentimientos de tristeza, soledad, irritabilidad y cansancio no desaparecen, puede estar presentando depresión.

Así como la depresión puede ser precipitada por un evento estresante, puede desarrollarse también sin ninguna razón aparente. Los síntomas aparecen de repente, o pueden desarrollarse lentamente en meses y años. Los signos y síntomas de depresión varían y no siempre siguen un patrón particular. De hecho, puede estar deprimido sin sentirse "deprimido". La irritabilidad y la pérdida de los intereses o placeres habituales son otras formas en que puede expresarse la depresión.

La depresión se caracteriza por varios de los signos o síntomas siguientes:

Tristeza persistente. Puede sentirse triste, apesadumbrado o vacío. Puede llorar todo el tiempo o sentirse insensible — ni feliz ni triste.

Irritabilidad. Puede irritarse fácilmente y disgustarse por cosas que antes no lo molestaban.

Sentimientos de ansiedad. Puede estar inusualmente nervioso, angustiado o inquieto por preocupaciones menores — siempre haciendo una tormenta en una vaso de agua. Puede sentirse inquieto o tener molestias en el estómago.

Pérdida de interés o placer en la vida. Puede perder la capacidad para encontrar placer en la gente, pasatiempos o actividades que disfrutaba antes.

Ignorar las responsabilidades o el cuidado personal. Si está normalmente presto a las tareas de la casa, el trabajo o las actividades escolares, puede olvidar pagar las cuentas, atrasarse en el trabajo o empezar a faltar a clases. Puede poner menos atención a la higiene personal, como lavar el cabello. Las mujeres que se preocupan normalmente por su aspecto pueden empezar a salir sin maquillaje o vestirse con ropas arrugadas.

Cambios en los hábitos de alimentación. Puede no sentir hambre y bajar de peso involuntariamente. O puede comer en exceso y subir de peso.

Cambios en los patrones del sueño. Puede tener dificultar para dormirse en la noche, despertar frecuentemente o temprano en la mañana y no volver a dormirse. O puede dormir demasiado y pasar una buena parte del día en la cama.

Fatiga y falta de energía. Puede tener un nivel bajo de energía y sentirse cansado todo el tiempo. Los movimientos del cuerpo pueden ser lentos y puede hablar más lentamente.

Disminución de la concentración, atención y memoria. Puede tener dificultad para concentrarse y mantener la atención en el trabajo, en la escuela o en casa. Tomar decisiones, incluso decisiones simples, se vuelve más difícil. Olvida fácilmente las cosas.

Cambios extremos del estado de ánimo. Puede tener cambios importantes en el estado de ánimo, pasando de la euforia a la desesperación en un corto periodo.

Sentimientos de desamparo. Puede sentir que ya no controla su vida. Puede sentirse abrumado por el estrés y más dependiente de otras personas, incluso en tareas sencillas.

Sentimientos de desesperanza. Puede tener dificultad para ver un futuro positivo y brillante y tener una sensación de que las cosas nunca van a mejorar. Las palabras tranquilizadoras por parte de los demás de que la vida mejorará no parece ayudar. Motivarse a sí mismo se vuelve imposible y puede pensar si vale la pena vivir.

Sentimientos de inutilidad o culpa. Puede empezar a sentir que no es tan bueno como las personas de su alrededor, haciendo que se aísle de los demás. Puede sentir culpa sin razón alguna. Algo que sucedió hace años y que no lo ha molestado puede volverse una preocupación y una carga de culpa.

Pensamientos negativos continuos. Puede volverse pesimista, tener una baja autoestima y no creer que las cosas van a mejorar. Frases como "No sirvo", "No soy capaz" y "¿Qué objeto tiene?" pueden volverse comunes.

Síntomas físicos que no responden al tratamiento. Puede presentar cefalea, trastornos digestivos o dolor crónico, que se asocian frecuentemente a la depresión.

Aumento del uso de alcohol o drogas. Puede tratar de encontrar alivio de los síntomas de depresión en el alcohol, los medicamentos de prescripción o las drogas ilegales. Debido a que estas sustancias afectan el funcionamiento del cerebro, pueden agravar la depresión.

Pensamientos de muerte o suicidio. Puede desear estar muerto y tener pensamientos como, "Si Dios me llevara sería un alivio" o "Si pudiera dormirme y no despertar más, mi familia estaría mejor". O puede tener de hecho pensamientos de matarse.

Si se encuentra planeando un suicidio, busque atención médica inmediatamente. El suicidio se discute en detalle en el Capítulo 15.

¿Piensa que está deprimido? Sométase a una prueba

Algunas organizaciones de salud mental ofrecen autoevaluaciones en Internet para ayudarlo a determinar si puede estar presentando depresión. Una de estas organizaciones es la Asociación Nacional de Salud Mental de Estados Unidos. Puede tener acceso a la autoevaluación (en inglés) en la siguiente dirección en Internet: *www.depression-screening.org.* La autoevaluación es un cuestionario confidencial de opción múltiple para ayudarlo a identificar signos y síntomas de depresión y para indicar si necesita una mayor evaluación por un profesional de salud mental. Los resultados están disponibles inmediatamente por Internet.

Otra forma de ayudarlo a identificar si puede estar deprimido es completar el cuestionario que se encuentra casi al final de este capítulo.

Vías para obtener ayuda

Si los resultados de la prueba o la forma en que se siente sugieren que puede estar deprimido, contacte a alguien que pueda ayudarlo. Mucha gente puede ayudarlo a obtener atención médica apropiada y determinar si la depresión es el origen de sus síntomas.

- Haga una cita con el médico familiar.
- Pida a familiares o amigos que le recomienden un psiquiatra, un psicólogo o un consejero.
- Llame a una organización de salud de la comunidad o a un centro de salud mental. Frecuentemente ofrecen servicios gratuitos o servicios a precios bajos.
- Vea a su ministro o líder espiritual en busca de consejo o referencia.
- Contacte a la sucursal local o estatal de organizaciones profesionales de salud mental. Vea en la página 185 una lista de las organizaciones en Estados Unidos, incluyendo sus direcciones en Internet.
- Llame a una línea telefónica especial o una línea de ayuda.

¿Quién proporciona cuidados de salud mental?

El médico familiar es la persona a quien debe ver para la mayoría de sus problemas de salud. Pero para algunos trastornos de salud es útil tener un especialista que se involucre en el tratamiento. Por ejemplo, para el tratamiento de artritis, puede querer ver a un especialista en artritis (reumatólogo). Para controlar la diabetes, el médico puede referirlo a un especialista en diabetes (endocrinólogo). ¿Pero, qué pasa con la depresión? ¿Quién trata la depresión? ¿Cómo sabe el tipo de profesional que necesita?

A continuación se encuentra una lista de profesionales que proporcionan cuidados de la salud que están capacitados para tratar la depresión. Si los síntomas son leves, el médico familiar puede tratar la enfermedad. Pero si los síntomas son graves, si la depresión interfiere con la capacidad para funcionar en la vida diaria o si el tratamiento actual no parece estar funcionando, debe ver a un especialista.

Cuando selecciona a la persona que proporciona los cuidados de salud mental, considere aspectos tales como educación, licencia, área de especialización, honorarios, horas de consultorio y la duración esperada del tratamiento.

Psiquiatra

Un psiquiatra es un médico que ha completado por lo menos cuatro años de entrenamiento en la especialidad después de obtener el título de médico. Los psiquiatras tienen licencia para practicar Medicina y están certificados por el Consejo de Psiquiatría. Los psiquiatras son los mejor entrenados, desde el punto de vista médico, para los cuidados de la salud mental. Están calificados para llevar a cabo muchos aspectos del tratamiento de la depresión, incluyendo prescribir medicamentos.

Psicólogo

Un psicólogo ha terminado típicamente por lo menos cuatro años de entrenamiento y puede tener estudios de posgrado en psicología. Los programas para graduados en psicología profesional son acreditados por las instancias académicas correspondientes (Universidades, Asociaciones, Consejos).

Los psicólogos administran pruebas psicológicas para diagnosticar la depresión y utilizan diversas formas de psicoterapia para tratar la enfermedad. La psicoterapia implica discutir los temores y preocupaciones, manejar las emociones y cambiar los comportamientos. A diferencia de los psiquiatras, los psicólogos no pueden prescribir medicamentos.

Trabajadores sociales

Algunos trabajadores sociales trabajan coordinando servicios psiquiátricos, médicos y otros servicios para la gente que necesita ayuda para manejar ciertos aspectos de su vida. No pueden prescribir medicamentos ni están facultados para hacer terapia.

Enfermera psiquiátrica

Una enfermera psiquiátrica se gradúa en enfermería, y tiene entrenamiento adicional en psiquiatría, salud mental u otro campo relacionado. Las enfermeras pasantes trabajan también en psiquiatría. Tienen entrenamiento avanzado en valoración física, fisiología, farmacología y diagnóstico físico, y no pueden prescribir medicamentos, pero los administran según las indicaciones del médico.

Terapeuta familiar

Los terapeutas familiares son profesionales con licencia, incluyendo psiquiatras, psicólogos y otros profesionales que reciben entrenamiento adicional en terapia familiar. Diagnostican y tratan enfermedades mentales dentro del contexto de las relaciones.

Consejero pastoral

Un consejero pastoral es un miembro del clero que integra conceptos religiosos y tiene entrenamiento en las ciencias del comportamiento. No se requiere licencia para ser consejero pastoral.

¿En dónde empezar?

Si piensa que está deprimido, haga una cita con el médico de atención primaria, si tiene alguno, o con un profesional de salud mental. El médico de atención primaria puede proporcionarle guía y puede diagnosticar y tratar la depresión. Para los síntomas leves a moderados, un terapeuta familiar puede proporcionarle el cuidado que necesita.

Vea a un psiquiatra o un psicólogo si los síntomas son graves, si la depresión está interfiriendo con la capacidad para funcionar en la vida diaria, si el tratamiento actual no parece estar funcionando o si el médico familiar o algún otro profesional de la atención de la salud lo refiere. Si está en tratamiento para la depresión, pero el tratamiento no parece estarle ayudando, considere una segunda opinión.

Con mayor frecuencia que antes, en la actualidad un equipo de profesionales que incluye un psiquiatra, un psicólogo, un trabajador social o una enfermera psiquiátrica pueden trabajar juntos para proporcionarle la mejor atención posible con un costo-beneficio positivo. Seleccione a un individuo o a un grupo con el que se sienta a gusto. Si empieza a sentirse a disgusto con el tratamiento, no dude en buscar una segunda opinión.

Pasos para el diagnóstico

Una vez que ha hecho una cita con un profesional de salud mental, ¿qué puede esperar? Algunas veces él puede determinar en una sola visita si tiene depresión. En otros casos, especialmente cuando la depresión se acompaña de otra enfermedad o de circunstancias complicadas de la vida, puede requerirse más de una visita antes que pueda establecerse un diagnóstico.

Además de determinar si está deprimido, es importante identificar qué tipo de depresión tiene. No todos los tipos de depresión responden al tratamiento en la misma forma. Para tratar mejor su problema, el que le proporciona los cuidados de la salud necesita conocer el tipo de depresión que usted tiene. Diagnosticar la depresión puede incluir uno o más de los siguientes pasos.

Consulta e historia médica
En la primera visita, el que le proporciona los cuidados de la salud probablemente le pida que le refiera sus síntomas, cómo se siente y qué preocupaciones tiene. Puede formularle preguntas también sobre su historia médica. Puede esperar preguntas como, "¿Ha estado deprimido alguna vez o se ha sentido así en el pasado?" o "¿Ha tenido otros problemas de salud últimamente?". Puede preguntarle también respecto a la salud de sus familiares.

Exploración física y pruebas
Si está viendo a su médico familiar o a un psiquiatra, estos pueden realizar una exploración física y solicitar análisis de sangre en busca de otros trastornos médicos que puedan estar causando los síntomas. Los análisis de sangre ayudan a valorar el hígado y los riñones y a

Ejemplo de cuestionario para el paciente

Este es un cuestionario utilizado por algunos médicos de atención primaria de la Clínica Mayo para ayudar a diagnosticar la depresión.

1. En las últimas dos semanas, ¿ha tenido los siguientes problemas?

	No	Varios días	Más de la mitad de los días	Casi todos los días
	0	1	2	3
A. ¿Poco interés o placer en hacer cosas?	___	___	___	___
B. ¿Se ha sentido triste, deprimido o sin esperanza?	___	___	___	___
C. ¿Dificultad para dormirse o permanecer dormido, o duerme demasiado?	___	___	___	___
D. ¿Se ha sentido cansado o con poca energía?	___	___	___	___
E. ¿Poco o demasiado apetito?				
F. ¿Se siente a disgusto con usted mismo, siente que es un fracaso o que ha decepcionado tanto a usted como su familia?	___	___	___	___
G. ¿Dificultad para concentrarse en cosas como leer el periódico o ver la televisión?	___	___	___	___
H. ¿Moverse o hablar tan lentamente que otras personas lo han notado. O lo opuesto, estar tan inquieto que se mueve por todas partes mucho más de lo habitual?	___	___	___	___
I. ¿Ha pensado que estaría mejor muerto o en causarse daño en alguna forma?	___	___	___	___

Puntuación total: ___

2. Si ha contestado alguna pregunta de este cuestionario, ¿qué dificultad le han causado estos problemas para hacer su trabajo, para hacerse cargo de las cosas en la casa o para llevarse bien con otras personas?

___ Ninguna dificultad   ___ Poca dificultad

___ Mucha dificultad   ___ Demasiada dificultad

Fuente: PRIME-MD Patient Health Questionnaire

Para información sobre cómo calificar la prueba, vea la página 47.

identificar trastornos tales como enfermedad tiroidea y adrenal, anemia e infecciones que pueden causar depresión.

Cuestionario personal

Algunos profesionales de la salud utilizan cuestionarios para saber más respecto a sus signos y síntomas específicos, cuánto tiempo los ha presentado y qué tanto interfieren con las actividades de la vida diaria. Diversos cuestionarios y pruebas psicológicas pueden ayudar a diagnosticar la depresión. Algunos son cortos, otros son largos. Las respuestas que usted proporciona pueden ayudar a identificar aspectos personales que pueden ser relevantes para la depresión y ayudan a determinar la gravedad de la depresión. En ocasiones los cuestionarios pueden utilizarse para medir el progreso durante el tratamiento.

Puntuación de la prueba

El cuestionario de la página 46 puede calificarse en diversas formas. Una forma es la siguiente:

- Cuente el número de veces que respondió "Más de la mitad de los días" o "Casi todos los días".
- Vea si respondió "Más de la mitad de los días" o "Casi todos los días" a la pregunta A o B.

Si seleccionó "Más de la mitad de los días" o "Casi todos los días" tres veces o más, incluyendo la respuesta a la pregunta A o B o ambas, puede estar deprimido y debe ver al médico. Además, vea al médico si tiene preocupaciones respecto a la depresión, independientemente de la puntuación de esta prueba.

Capítulo 5

Tipos de depresión

L a depresión puede adoptar muchas formas. Lo que las distingue son los síntomas y las circunstancias asociadas a cada una, así como la duración y severidad de los síntomas. Sin embargo, a menudo no es clara la distinción entre los diferentes tipos de depresión. Frecuentemente comparten muchas características. También es posible tener más de un tipo de trastorno del estado de ánimo.

Para determinar el mejor tratamiento de sus síntomas y circunstancias particulares, los profesionales de la salud mental clasifican las diversas formas de depresión. La clasificación empieza con las principales categorías de la depresión:

- Depresión mayor
- Distimia
- Trastornos de adaptación
- Trastornos bipolares

Dentro de cada una de estas categorías hay varios subtipos.

Depresión mayor

La depresión mayor es la forma más frecuente de depresión. Se caracteriza por un cambio en el estado de ánimo que dura más de dos semanas e incluye uno o ambos de los signos primarios de la depresión:

- Sentimientos abrumadores de tristeza o pesar
- Pérdida del interés o placer en las actividades que habitualmente disfruta

La gente que tiene depresión mayor presenta también por lo menos cuatro de los siguientes signos y síntomas regularmente, o todos los días:

- Pérdida o aumento significativo de peso
- Alteraciones del sueño
- Movimientos lentos o inquietud
- Fatiga o falta de energía
- Baja autoestima o sentimientos de culpa inapropiados
- Sentimientos de inutilidad o culpa
- Sentimientos de impotencia o desesperanza
- Dificultad para pensar o concentrarse
- Pérdida del deseo sexual
- Pensamientos recurrentes de muerte o suicidio

Puede usted presentar depresión mayor sólo una vez o puede presentar recaídas. Después de su primer episodio de depresión mayor, tiene una probabilidad mayor de 50% de presentarla de nuevo. Las probabilidades de recurrencia aumentan con cada episodio. Si la tiene dos veces, las probabilidades de un tercer episodio aumentan hasta 70%.

Si no se tratan, los episodios de depresión mayor duran típicamente de 6 a 18 meses. El tratamiento temprano puede evitar que la depresión se haga más grave. El tratamiento continuado puede evitar que la depresión se repita.

La depresión mayor puede ocurrir con otras enfermedades mentales, como la ansiedad o los trastornos de la comida. El primer episodio puede empezar a cualquier edad, pero tiene mayor probabilidad de ocurrir entre los 25 y 44 años de edad. La depresión mayor es más frecuente en las mujeres que en los hombres. Los eventos estresantes de la vida y las pérdidas significativas son los dos factores precipitantes más frecuentes de este tipo de depresión.

Distimia

La distimia es un forma prolongada de depresión leve caracterizada por una perspectiva persistentemente sombría. El término tiene su origen en los griegos, que creían que el timo era la raíz de todas las emociones. De aquí, *dis*, que significa "malo", y *timia*, que denota "un trastorno de la mente".

La distimia dura habitualmente por lo menos dos años y algunas veces más de cinco años. Generalmente no es incapacitante, y los periodos de distimia pueden alternar con intervalos breves normales. La distimia puede interferir con su trabajo y su vida social. De hecho, muchas personas con este trastorno se aíslan socialmente y son menos productivas. Tiene un riesgo mayor de desarrollar depresión mayor si tiene distimia. Cuando la depresión mayor complica a la distimia, el trastorno es llamado depresión doble.

Los signos y síntomas de la distimia son como los de la depresión mayor pero no tan intensos, y puede usted no presentar muchos de ellos. Pueden incluir:

- Dificultad para concentrarse o tomar decisiones
- Aislamiento social
- Irritabilidad
- Inquietud o lentitud
- Problemas del sueño
- Pérdida o aumento de peso

Algunas personas con distimia recuerdan haber tenido sentimientos de depresión en la infancia o adolescencia. Algunas personas desarrollan distimia después de los 50 años de edad, muchas veces después de una enfermedad. Por lo menos 75% de las personas con distimia tienen otros problemas de salud.

Trastornos de adaptación

Los trastornos de adaptación preceden a menudo a la depresión mayor. Digamos que su matrimonio se desmorona, su negocio falla, o le diagnostican cáncer. Es perfectamente comprensible sentirse tenso, triste, abrumado o enojado. Eventualmente, la mayoría de la gente se adapta a las consecuencias de estos factores estresantes de la vida, pero algunos no. Esto es lo que se conoce como un trastorno de adaptación — cuando la respuesta a un evento o situación estresante causa signos y síntomas de depresión, pero los signos y síntomas no son lo suficientemente intensos para cumplir con los criterios de la depresión mayor.

Los médicos utilizan los siguientes criterios para diagnosticar un trastorno de adaptación:

- Síntomas emocionales o de comportamiento en respuesta a un evento identificable que ha ocurrido en los últimos tres meses.
- La respuesta al evento excede de la reacción que normalmente se esperaría.
- Los síntomas no se deben únicamente a aflicción o desamparo.

Los trastornos de adaptación pueden afectar a cualquiera. Ocurren a menudo cuando es más vulnerable — cuando se aleja de sus padres o al terminar una carrera. La edad es también importante. Por ejemplo, perder un negocio a los 30 años de edad puede ser menos estresante que a los 50, cuando los prospectos de trabajo pueden ser más limitados. Algunas personas desarrollan un trastorno de adaptación en respuesta a un solo evento. En otros, se origina por una combinación de factores que desencadenan estrés.

Existen varios tipos de trastornos de adaptación. Un trastorno de adaptación agudo se refiere a signos y síntomas que duran menos de seis meses. Cuando los síntomas persisten, el trastorno es conocido como trastorno de adaptación crónico. Los trastornos de adaptación se clasifican también de acuerdo a los síntomas primarios:

- Trastorno de adaptación con estado de ánimo deprimido
- Trastorno de adaptación con ansiedad
- Trastorno de adaptación con mezcla de ansiedad y ánimo deprimido
- Trastorno de adaptación con alteraciones de las emociones y el comportamiento

La edad desempeña a menudo un papel en el tipo de trastorno de adaptación que presenta la gente. Los adultos se vuelven típicamente deprimidos o ansiosos. Los adolescentes tienden a actuar sus problemas. Esto puede incluir faltar a la escuela, usar drogas, conducta vandálica contra propiedades o algún otro tipo de comportamiento no característico.

Trastornos bipolares

Algunas personas con depresión tienen ciclos recurrentes de depresión y euforia (manía). Esta enfermedad, que incluye emociones en ambos extremos (polos), se conoce también como depresión maníaca o trastorno maníaco depresivo.

En contraste con la depresión, en una fase maníaca usted se siente con una gran energía e imparable. Puede gastar dinero temerariamente o tomar decisiones poco inteligentes. Puede tener ideas grandiosas que resultan sólo en un mal negocio o en un comportamiento promiscuo. Algunas personas tienen explosiones de creatividad y productividad durante la fase maníaca.

Los signos y síntomas de la manía incluyen:
- Euforia anormal o excesiva
- Energía marcadamente aumentada
- Disminución de la necesidad de dormir
- Irritabilidad inusual
- Creencias irreales en las propias capacidades y poderes
- Conversación incrementada
- Pensamientos atropellados
- Juicio deficiente
- Deseo sexual aumentado
- Comportamiento social provocativo, impertinente o agresivo
- Abuso del alcohol o de otras drogas

El trastorno bipolar no es tan frecuente como la depresión mayor o la distimia. En EUA, de los 2 a 3 millones de personas con depresión, aproximadamente 11% a 17% tienen trastorno bipolar. Tanto los hombres como las mujeres tienen el mismo riesgo de la enfermedad. Aparece típicamente en la adolescencia o en la vida adulta temprana y continúa ocurriendo intermitentemente en la vida. Tiende a verse en familias. De hecho, 80% a 90% de la gente con trastorno bipolar tiene un pariente cercano con alguna forma de depresión.

Los signos y síntomas del trastorno bipolar tienden a hacerse más serios con el tiempo. Puede empezar con episodios de depresión, manía o una mezcla de síntomas maníacos y depresivos, separados por periodos "normales" sin síntomas. Con el tiempo, los episodios bipolares se hacen más frecuentes, con periodos normales más cortos. La depresión severa o la euforia pueden acompañarse de psicosis, incluyendo alucinaciones y delirios.

Igual que en otras formas de depresión, es crucial un tratamiento adecuado para el trastorno bipolar para prevenir el agravamiento de la enfermedad y disminuir el riesgo de suicidio.

Formas diversas

Hay tres tipos de trastorno bipolar:

Trastorno bipolar I. El trastorno bipolar I casi siempre incluye uno o más periodos de depresión mayor y por lo menos uno de manía o un episodio mixto. El trastorno bipolar I puede empezar con depresión mayor o manía. Si usted presenta depresión primero, el episodio de manía ocurre típicamente uno a dos años después.

Trastorno bipolar II. En esta forma de la enfermedad, usted presenta uno o más episodios de depresión mayor y por lo menos un periodo de hipomanía, un trastorno de euforia leve. Estos periodos de eforia no son tan extremos como en el trastorno bipolar I. Otra diferencia es la duración de los intervalos entre los episodios. Cuando tiene el trastorno bipolar II, la hipomanía ocurre a menudo inmediatamente antes o después de un periodo de depresión mayor. Generalmente no hay un periodo "normal".

Trastorno ciclotímico. Es una forma más leve de trastorno bipolar crónico. Se caracteriza por fluctuaciones entre periodos cortos de depresión leve con periodos cortos de hipomanía. Los cambios en el estado de ánimo pueden ser tan frecuentes como unos cuantos días,

¿Qué es una crisis nerviosa?

El término *crisis nerviosa* es utilizado a menudo por el público en general para describir a una persona que está presentando una forma seria de enfermedad mental. Con mayor frecuencia se dice que un individuo tiene una crisis nerviosa cuando está presentando un episodio de depresión mayor o manía. Los síntomas son tan pronunciados que el individuo no puede funcionar normalmente e incluso puede ser hospitalizado. Debido a que algunas veces los síntomas pueden aparecer súbitamente, puede parecer que la persona se está desmoronando. Las alucinaciones y delirios pueden acompañar también a la depresión o manía serias.

Afortunadamente, con un diagnóstico y tratamiento adecuados, mucha gente que sufre una crisis nerviosa puede recuperarse y regresar a su calidad de vida anterior.

con ciclos que continúan por lo menos dos años. En la ciclotimia nunca está libre de síntomas más de dos meses seguidos, pero tiene menor probabilidad de desarrollar depresión mayor.

Otras dimensiones de la depresión

Además de identificar el tipo de depresión que usted tiene, el médico querrá considerar la seriedad de su enfermedad y el patrón de síntomas. Esto ayuda a determinar la forma más eficaz de tratamiento. Hay varios subtipos de depresión. Algunos de estos ocurren frecuentemente, otros son raros.

Depresión leve a seria

La depresión mayor puede oscilar entre leve y seria. La depresión leve implica síntomas que no son tan intensos y que interfieren mínimamente en la vida diaria y en las relaciones. La depresión moderada incluye síntomas más intensos y más alteraciones en el trabajo, escuela, familia y relaciones. La depresión seria implica un gran número de síntomas depresivos y una interferencia significativa en la actividades diarias. En casos extremos, la gente con depresión seria puede no ser capaz de trabajar o cuidarse a sí misma.

Depresión suicida

La depresión suicida se refiere a síntomas tan graves que un individuo piensa suicidarse o hace un intento de suicidio.

Depresión aguda o crónica

La depresión puede clasificarse de acuerdo a la duración de los síntomas. Si los síntomas duran un periodo corto, claramente definido, la depresión es llamada aguda. Si los síntomas han estado presentes más de seis meses, la depresión se considera crónica.

Episodio único o depresión recurrente

La depresión se clasifica también de acuerdo al patrón a través del tiempo. Un episodio único de depresión significa que no tiene historia previa de depresión. Como su nombre implica, la depresión recurrente se refiere a más de un episodio de depresión.

Tanto el episodio único como la depresión recurrente pueden ser precipitados por un evento en particular. La depresión recurrente puede ser precipitada también por una estación particular (ver "Trastorno afectivo estacional" en la página 57).

Depresión melancólica

Melancolía es un término que se aplica a una depresión mayor con ciertas características. Estas incluyen incapacidad para disfrutar las actividades de la vida diaria — incluso si sucede algo bueno — falta de apetito, despertar muy temprano en la mañana, movimientos lentos y sentimientos de culpa infundados.

Depresión catatónica

La catatonia es un trastorno poco frecuente que puede ocurrir con la depresión. Durante la depresión o manía severas, algunas personas llegan a un punto en el cual apenas se mueven o lo hacen en exceso, asumen posturas inusuales y hablan muy poco. Otras características de la catatonia incluyen mirar fijamente, hacer gestos y repetir palabras o frases sin sentido.

Depresión atípica

Las personas con depresión atípica son capaces de experimentar alegría, aunque sea muy breve. Pero tienden a ser sumamente sensibles al rechazo, comen y duermen más de lo habitual y generalmente se sienten fatigados. La depresión atípica ocurre generalmente primero en la adolescencia o en la vida adulta joven y puede ser crónica. Se discute más en el Capítulo 13.

Depresión psicótica

La depresión psicótica es una forma menos frecuente de enfermedad. La gente que presenta depresión psicótica puede tener alucinaciones o delirios. Los delirios son creencias falsas que persisten a pesar de la evidencia en su contra. En la depresión psicótica, los delirios pueden ser paranoides, económicos o médicos. La gente con paranoia a menudo sospecha y se preocupa por la intención de los que la rodean. La gente con delirios económicos tiene la creencia infundada de que se ha empobrecido. La gente con delirios médicos tiene una creencia infundada de tener una enfermedad grave.

Depresión posparto

Muchas mujeres presentan sentimientos temporales de tristeza después del parto. La llamada tristeza del bebé tiende a disminuir gradualmente y generalmente no requiere tratamiento. Sin embargo, algunas mujeres presentan una forma de depresión mayor después del parto llamada depresión posparto. En comparación con la tristeza del bebé, los síntomas son más serios y persistentes. Un episodio de depresión posparto aumenta la probabilidad de tener episodios recurrentes de depresión después de los partos o en otras ocasiones.

Trastorno afectivo estacional

El *trastorno afectivo estacional* (TAE) es el término utilizado para los periodos de depresión relacionados con el cambio de estación. Nadie sabe con certeza qué causa el TAE. Los científicos pensaron primero que los niveles disminuidos de la luz del sol aumentan los niveles de melatonina del cerebro. La melatonina es una hormona que controla el estado de ánimo que se produce normalmente durante la oscuridad. Sin embargo, los estudios del papel de la melatonina no son concluyentes. Algunos investigadores piensan ahora que la falta de luz del sol desorganiza los ritmos circadianos que regulan los relojes internos del cuerpo. Esta teoría puede tener cierto mérito porque existen evidencias de que el TAE es más frecuente en lugares en que las horas de luz del día están limitadas. La gente con TAE nota generalmente cambios en el estado de ánimo que empiezan a finales del otoño y mejoran en la primavera, pero algunos presentan depresión en el verano, que generalmente empieza a finales de la primavera o a principios del verano.

El TAE es cuatro veces más frecuente en mujeres que en hombres. La edad promedio de comienzo de la enfermedad es 23 años, y el riesgo disminuye al avanzar la edad. Puede tener TAE si ha presentado depresión y síntomas relacionados durante dos inviernos consecutivos, seguidos de periodos sin depresión en la primavera y en el verano.

Términos adicionales

Los médicos utilizan otros términos para identificar y diagnosticar la depresión, de acuerdo a su origen y asociación con otras enfermedades.

Depresión secundaria

Algunas veces la depresión no es el problema primario de salud. Más bien es un síntoma de otro trastorno. Esto se conoce como depresión secundaria, o depresión debida a un trastorno médico específico. La depresión secundaria puede ser resultado de enfermedades de la glándula tiroides o de las glándulas suprarrenales. Puede estar relacionada con los efectos de la enfermedad cardíaca, la diabetes u otros trastornos médicos.

Depresión concomitante

La depresión concomitante se refiere a la depresión que se acompaña de otra enfermedad mental. Por ejemplo, la depresión y ansiedad frecuentemente ocurren juntas. Cuando se combinan, pueden causar signos y síntomas más serios que por separado, y tratar ambos trastornos puede ser un reto. La depresión concomitante incluye también la depresión inducida por sustancias — depresión que resulta del abuso del alcohol, medicamentos de prescripción o drogas ilegales. Varios tipos de depresión concomitante se discuten en el Capítulo 14.

Cómo hacer lo correcto

Algunas veces determinar el tipo de depresión que tiene un individuo es bastante fácil. Los signos, síntomas y las circunstancias de la vida de esa persona apuntan hacia un tipo de enfermedad depresiva. Otras veces, cuando se sobreponen varios síntomas o las circunstancias de la vida de una persona son más complejas, determinar el tipo puede ser difícil.

Para tratar eficazmente la enfermedad, es importante que el médico identifique el tipo de depresión que usted tiene. Algunos medicamentos y tratamientos funcionan mejor en ciertos tipos de depresión que en otros. Además, si la depresión se acompaña de otra enfermedad mental, el médico querrá tomar las medidas necesarias para tratar ambos trastornos. Tratar sólo la depresión puede no curar el otro trastorno. Y debido a que el otro trastorno continúa, tiene usted un riesgo significativo de depresión recurrente.

Parte 2

Cómo tratar la depresión

Capítulo 6

Panorama general del tratamiento

Hay tratamiento para la mayoría de la gente que lucha con la depresión. Los medicamentos antidepresivos y otros tratamientos pueden hacer una impresionante diferencia en los síntomas depresivos en unas cuantas semanas. Con tratamiento apropiado, aproximadamente 8 de cada 10 personas con depresión mejoran. Cuando uno considera lo deficientemente que se trataba la depresión hace sólo 100 años, los investigadores han hecho avances notables para controlar esta enfermedad, y hay indicaciones de que el futuro traerá avances todavía mayores.

Un siglo de avances

Antes del siglo XX, en la mayoría de la gente que presentaba depresión no se establecía el diagnóstico ni se trataba. Se administraban formas toscas de sedantes a la gente con agitación severa, ansiedad o depresión psicótica, pero no se disponía de tratamientos específicos y eficaces para la depresión. Para la mayoría de la gente, los cuidados — si acaso — eran proporcionados por los familiares. Algunas personas intentaban curar la depresión con una gama de tratamientos dudosos que casi siempre fallaban. A menudo la gente con depresión grave, incapacitante, era hospitalizada en asilos mentales hasta que su depresión mejoraba, lo que típicamente tomaba varios meses o más.

Fue de mediados a finales del siglo XIX cuando la comprensión de la depresión volteó hacia la ciencia. Esperando comprender mejor las enfermedades mentales, los investigadores empezaron clasificando las enfermedades, incluyendo la depresión, de acuerdo a síntomas específicos y características clínicas. Uno de los primeros avances importantes de estos esfuerzos de clasificación fue distinguir el trastorno maníaco-depresivo, ahora llamado trastorno bipolar, de la esquizofrenia. Este enfoque de distinguir los trastornos utilizando los síntomas y las características clínicas continúa todavía hoy, pero en formas más sofisticadas.

A medida de que los investigadores comprendieron mejor las diferentes formas de enfermedad mental, empezaron a aparecer tratamientos para la depresión.

1900: Psicoanálisis

En 1917 Sigmund Freud publicó *Luto y melancolía*, un libro en el que describe la depresión como un "enojo que se vuelve contra el yo". Freud y otros sugirieron la teoría de que la depresión podría curarse con un régimen intenso de tratamiento llamado psicoanálisis. Este régimen, que incluía hablar de las experiencias de la infancia, el análisis de los sueños y la asociación libre, incluía sesiones aproximadamente de una hora una o varias veces por semana durante meses, o en ocasiones, años. En la primera mitad del siglo XX, el psicoanálisis dominó la percepción del público del tratamiento psiquiátrico.

Década de 1930: Terapia electroconvulsiva

Los investigadores observaron que la gente con trastornos convulsivos (epilepsia) tenía menos problemas mentales que la gente que no presentaba convulsiones. Basados en esta observación los investigadores exploraron si inducir una convulsión podría tratar la enfermedad mental en gente sin epilepsia. Esto llevó al inicio de lo que se ha conocido como terapia electroconvulsiva (TEC). Para tratar la depresión y otras enfermedades mentales, los médicos inyectaban a los individuos sustancias químicas que los hacían tener una convulsión. Aunque las convulsiones eran a menudo bastante eficaces para mejorar los síntomas, mucha gente los encontraba terroríficos. Además, usar sustancias químicas para precipitar una convulsión no era confiable.

En 1938 dos médicos italianos fueron los primeros en usar una corriente eléctrica en lugar de sustancias químicas para precipitar una convulsión en un individuo con una enfermedad mental. Este método, a menudo llamado electrochoque, fue un avance sobre los métodos anteriores porque ofrecía mayor control del tiempo en que ocurría la convulsión. Tenía también menos riesgo de complicaciones médicas, incluyendo la muerte. La TEC se convirtió en el primer tratamiento eficaz para la depresión para mediados de la década de 1950 se utilizaba con bastante frecuencia.

Primeros años de la década de 1950: Primera generación de antidepresivos

Dos descubrimientos inesperados en los primeros años de la década de 1950 motivaron cambios importantes en el tratamiento de la depresión, a la par con el descubrimiento de los antibióticos para tratar las infecciones y de la insulina para tratar la diabetes.

En la búsqueda de nuevos y mejores antihistamínicos que no causaran sedación, uno de los descubrimientos de los laboratorios farmacéuticos fue la imipramina. Durante su investigación, los científicos observaron que la imipramina mejoraba también el estado de ánimo en la gente deprimida que tomaba el medicamento para controlar alergias o inflamación. Pronto empezaron los médicos a usar imipramina para tratar la depresión, junto con otros medicamentos elaborados con sustancias químicas relacionadas. Estos antidepresivos iniciales son conocidos como tricíclicos.

El segundo descubrimiento se originó a partir del tratamiento de la tuberculosis. Los médicos notaron que un medicamento para la tuberculosis llamado iproniazida elevaba el estado de ánimo en algunos pacientes con tuberculosis que estaban deprimidos. La iproniazida se convirtió en la primera de la clase de antidepresivos llamados inhibidores de la monoaminooxidasa (IMAO). La desventaja de la iproniazida era que causaba efectos secundarios serios, especialmente daño hepático y, por lo tanto, eventualmente se descontinuó. Sin embargo, se desarrollaron en su lugar nuevos inhibidores de la monoaminooxidasa.

Finales de la década de 1950: Psicoterapia

Debido al tiempo y costo asociados al psicoanálisis, los psiquiatras y psicólogos empezaron a explorar alternativas para tratar la depresión.

Algunos profesionales de la salud consideraban también que el psicoanálisis no era necesario para tratar la mayoría de casos de depresión —y que los enfoques menos intensos podrían ser igualmente eficaces.

Estos esfuerzos llevaron eventualmente al desarrollo de dos formas frecuentes de psicoterapia todavía utilizadas: terapia del comportamiento cognoscitivo y terapia interpersonal. La terapia del comportamiento cognoscitivo se enfoca en identificar las creencias y conductas negativas, no saludables, que contribuyen a la depresión y reemplazarlas con creencias positivas y saludables. La terapia interpersonal ayuda a la gente a desarrollar estrategias para manejar los problemas de las relaciones y de la comunicación asociados a la depresión.

Década de 1970: Litio

Un psiquiatra australiano descubrió los beneficios del litio en 1949, pero los médicos de EUA no empezaron a usar este medicamento para tratar el trastorno bipolar sino hasta principios de la década de 1970. El litio actúa como un estabilizador del estado de ánimo, tratando y previniendo los extremos de la manía y de la depresión. Sin embargo, es más eficaz para el tratamiento de la manía.

Antes del uso del litio los antidepresivos eran el único tratamiento para la depresión bipolar, pero podían precipitar una fase maníaca. Combinando el litio con un antidepresivo se disminuye el riesgo de este efecto secundario.

Principios de la década de 1980: Terapia con luz

Un nuevo subtipo de depresión llamado trastorno afectivo estacional (TAE) —junto con su tratamiento innovador— se describió en las revistas médicas a principios de la década de 1980. El TAE afecta a gente que vive en altas latitudes, y ocurre durante los meses en que la luz del día es limitada. El tratamiento del trastorno implica sentarse cerca de unos dispositivos especializados que proporcionan una luz brillante. Los estudios sugieren que la terapia con luz brillante puede ser también eficaz para otros tipos de depresión, especialmente los que tienen un componente estacional.

Finales de la década de 1980: Segunda generación de antidepresivos

Fue el descubrimiento de las nuevas clases de antidepresivos durante la última parte de la década de 1980, lo que revolucionó el tratamiento de la depresión. Los inhibidores selectivos de la recaptura de la serotonina (ISRS) fueron los primeros de estos medicamentos en estar disponibles en Estados Unidos. Pronto siguieron otros tipos. Los antidepresivos de segunda generación no son necesariamente más eficaces que los antidepresivos anteriores, pero son más seguros y producen efectos secundarios más leves y más tolerables. Debido a estos avances, los médicos están más dispuestos a prescribir medicamentos para la depresión y la gente está más dispuesta a tomarlos.

Década de 1990: Combinación de medicamento y psicoterapia

Hasta principios de la década de 1990 había dos campos opuestos para tratar la depresión — un campo que presionaba por los medicamentos como el pilar del tratamiento, el otro por la psicoterapia. Varios estudios ayudaron a resolver esta lucha. Se encontró que si los dos enfoques se combinan, la respuesta al tratamiento mejora y hay menos riesgo de recurrencia. Si usted tiene depresión leve a moderada, no es posible predecir si mejorará con los medicamentos únicamente, la psicoterapia sola o una combinación de las dos. Pero se sabe que para la depresión severa o crónica, la mejor probabilidad de mejoría es con un enfoque combinado.

En el horizonte

Un área popular de estudio involucra actualmente procedimientos que podrían algún día convertirse en alternativas de la terapia electroconvulsiva. Un enfoque usa pulsos magnéticos en lugar de electricidad para estimular áreas del cerebro afectadas por la depresión. Un tipo diferente de tratamiento estimula el nervio vago, un nervio largo en el cuello que envía señales a áreas del cerebro asociadas a la depresión.

Otra área de investigación prometedora y excitante para muchas enfermedades y trastornos, incluyendo la depresión, es la genética. Utilizando información genética los médicos pueden adaptar los medicamentos y seleccionar los que tienen mayores probabilidades de eficacia basándose en la composición genética del individuo. Esto ha sido posible ya en algunas personas con presión arterial elevada. El conocimiento genético puede incluso permitir la identificación temprana de los hombres y mujeres con riesgo de depresión, permitiendo un tratamiento temprano — y posiblemente preventivo.

Un solo tratamiento no sirve para todos

De los medicamentos a la psicoterapia hay muchas opciones para tratar la depresión, y cada uno desempeña un papel importante. Igual que la causa de la depresión puede estar relacionada con una compleja interrelación de factores, encontrar el tratamiento más eficaz para su enfermedad puede ser un proceso complejo que requiere tiempo y guía profesional.

En los cuatro capítulos siguientes discutimos con mayor detalle las diferentes opciones para tratar la depresión, cómo funcionan, y sus beneficios y desventajas. También discutimos lo que puede hacer todos los días — además del tratamiento de su médico — para manejar la depresión o prevenir una recaída.

Capítulo 7

Los medicamentos
y cómo funcionan

Los medicamentos antidepresivos son a menudo la primera elección en el tratamiento de la depresión porque son eficaces y porque los antidepresivos más nuevos tienen menos efectos secundarios que los anteriores. Hay muchos tipos de antidepresivos. Los científicos no saben exactamente cómo mejoran los medicamentos los síntomas de depresión y el mecanismo puede ser diferente en distintas personas. Se sabe que los antidepresivos influyen sobre la actividad de las sustancias químicas del cerebro llamadas neurotransmisores.

Sin embargo, aunque los medicamentos son potentes y eficaces, no siempre son efectivos. Además, los medicamentos no funcionan igual en todos. Algunas personas pueden beneficiarse mucho con un determinado antidepresivo, otras sólo parcialmente y otras nada. Algunas veces se requiere otro tipo de antidepresivo o una combinación de medicamentos para aliviar la depresión.

Tipos de antidepresivos

Para entender los diversos tipos de antidepresivos disponibles, es útil organizarlos en grupos que destacan sus semejanzas y diferencias. Estos grupos pueden formarse de varias maneras: de acuerdo al tiempo en que aparecieron (antidepresivos antiguos vs. nuevos), a su estructura química o a sus efectos sobre los neurotransmisores del cerebro. En este libro hablamos de los antidepresivos basándonos en sus efectos sobre los neurotransmisores del cerebro.

Neurotransmisores del cerebro

Los neurotransmisores son sustancias químicas que las células nerviosas utilizan para comunicarse entre sí. Las células nerviosas en realidad no se tocan una con otra. Por lo tanto, para que una célula nerviosa del cerebro se comunique con otra célula nerviosa, se lleva a cabo el siguiente proceso: Una célula nerviosa que está enviando un mensaje a otra célula nerviosa libera muchas copias del mismo neurotransmisor en un espacio estrecho (sinapsis) entre las dos células (ver ilustración en la página 5 de la sección en color).

En la sinapsis, los neurotransmisores son atraídos y se unen a los receptores en la célula nerviosa que recibe, en forma parecida a una llave (neurotransmisor) y su cerradura (receptor). Estos receptores están localizados en la cubierta externa de la célula nerviosa que recibe. Cuando los neurotransmisores se unen a los receptores, la célula nerviosa que recibe capta el mensaje de la célula nerviosa que lo envía. La célula nerviosa que recibe libera entonces el neurotransmisor otra vez de regreso a la sinapsis, en donde permanece hasta que es captado por la célula nerviosa que envía — un proceso llamado recaptura. Dentro de la célula nerviosa que envía, los neurotransmisores son reempaquetados para uso posterior o son degradados por una enzima llamada monoaminooxidasa.

Los neurotransmisores asociados a la depresión son la serotonina y la norepinefrina. Un tercer neurotransmisor, la dopamina, puede desempeñar también un papel en la enfermedad. La investigación sugiere que la gente deprimida tienen menor cantidad de uno o más de estos neurotransmisores en las sinapsis entre las células nerviosas que la gente que no está deprimida.

Cómo funcionan los antidepresivos

La forma exacta como alivian la depresión los antidepresivos es compleja y no se comprende por completo. Los médicos creen que los medicamentos influyen sobre la actividad cerebral en tres formas principales. Un tipo específico de antidepresivo puede desempeñar una o más de las siguientes acciones:

- Puede inhibir la recaptura del neurotransmisor. Esto mantiene a los neurotransmisores en la sinapsis durante un periodo mayor, en donde siguen siendo activos y continúan enviando mensajes.
- Puede bloquear ciertos receptores químicos sobre los que actúan los neurotransmisores. Esto evita que la célula nerviosa que recibe capte ciertos mensajes de la célula nerviosa que los envía.
- Puede inhibir a la enzima monoaminooxidasa que degrada los neurotransmisores. Esto hace que estén presentes más neurotransmisores en la sinapsis, en donde pueden continuar uniéndose a los receptores de las células que reciben.

Cinco categorías

Con base en sus efectos sobre los neurotransmisores cerebrales, los antidepresivos pueden dividirse en cinco grupos:

- Inhibidores de la recaptura de serotonina
- Inhibidores mixtos de recaptura
- Bloqueadores de los receptores
- Inhibidores de la recaptura y bloqueadores de los receptores
- Inhibidores de enzimas

Inhibidores de la recaptura de serotonina

Este grupo de antidepresivos influye sobre la actividad del neurotransmisor serotonina bloqueando el regreso de la serotonina (recaptura) a su célula. La primera clase de estos medicamentos —llamados inhibidores selectivos de la recaptura de serotonina (ISRS)— se introdujo a finales de la década de 1980. La palabra selectivos deriva de la capacidad de los medicamentos para funcionar casi exclusivamente sobre la serotonina, teniendo poco efecto sobre otros neurotransmisores. Los ISRS incluyen:

- Citalopram
- Fluvoxamina
- Fluoxetina
- Paroxetina
- Sertralina

Algunas personas que toman ISRS presentan molestias gastrointestinales. A menudo estas molestias son leves y desaparecen con el tiempo. Los ISRS pueden causar también problemas sexuales. Pueden disminuir el deseo sexual o impedir el orgasmo. Aproximadamente 30% de la gente que toma un ISRS refiere incapacidad para alcanzar un orgasmo.

Un efecto secundario raro pero que puede poner en peligro la vida es el síndrome de serotonina. Se desarrolla con mayor frecuencia cuando un ISRS interactúa con otros antidepresivos, generalmente un inhibidor de la monoaminooxidasa. Pero puede ocurrir también cuando los ISRS se toman con otros medicamentos que influyen sobre la serotonina. Es una de las razones para no tomar un ISRS con la planta de San Juan, un suplemento de hierbas que se obtiene sin receta. La planta de San Juan produce muchas acciones químicas, una de las cuales afecta la actividad de la serotonina. Los signos y síntomas del síndrome de serotonina pueden incluir confusión, alucinaciones, fluctuaciones en la presión arterial y en el ritmo cardíaco, fiebre, convulsiones e incluso coma.

Inhibidores mixtos de la recaptura

A diferencia de los inhibidores de la recaptura de serotonina, que interfieren con la recaptura únicamente de serotonina, los inhibidores mixtos bloquean la recaptura de varios neurotransmisores.

Inhibidor de la recaptura de serotonina-norepinefrina

El antidepresivo venlafaxina inhibe la recaptura de serotonina y de norepinefrina. Algunas personas que toman venlafaxina presentan aumento de la presión arterial. Por esta razón, el médico puede monitorizar estrechamente la presión arterial después que empieza a tomar el medicamento, especialmente si está recibiendo tratamiento para presión arterial elevada.

Inhibidor de la recaptura de norepinefrina-dopamina

El medicamento bupropion inhibe la recaptura de norepinefrina y de dopamina. El bupropion tiene menos probabilidad de causar problemas sexuales o de aumentar la presión arterial. Tiene menos probabilidades también de ocasionar otros efectos secundarios frecuentes asociados con los antidepresivos, como somnolencia o aumento de peso. Sin embargo, este medicamento puede aumentar el riesgo de convulsiones. Por lo tanto, generalmente no se recomienda en personas con historia de convulsiones o en personas con bulimia nerviosa. El trastorno de la alimentación llamado bulimia nerviosa aumenta el riesgo de convulsiones.

Bloqueadores de los receptores

En lugar de inhibir la recaptura del neurotransmisor, el antidepresivo mirtazapina impide que los neurotransmisores se unan a ciertos receptores de las células nerviosas — principalmente los que reciben mensajes del neurotransmisor norepinefrina. Se piensa que este bloqueo selectivo de receptores aumenta indirectamente la actividad de norepinefrina y de serotonina en el cerebro.

Inhibidores de la recaptura y bloqueadores de los receptores

Estos antidepresivos actúan sobre las células cerebrales en dos formas: inhibiendo la recaptura de uno o más neurotransmisores y bloqueando uno o más receptores de las células nerviosas.

Trazodona

La trazodona inhibe la recaptura de serotonina y bloquea cierto tipo de receptores de serotonina. En menor grado bloquea también varios tipos de receptores que reciben mensajes de los neurotransmisores norepinefrina e histamina. Debido a que bloquea los receptores de histamina, la trazodona tiene mayor probabilidad que otros antidepresivos de causar somnolencia (sedación). Se utiliza frecuentemente en dosis bajas para ayudar a dormir. Algunos médicos combinan la trazodona con otro antidepresivo. La trazodona ayuda a favorecer un mejor sueño, mientras que el otro medicamento alivia la depresión.

Nefazodona

La nefazodona inhibe la recaptura de serotonina, y en menor grado, de norepinefrina. También bloquea cierto tipo de receptores de serotonina, y en menor grado, cierto tipo de receptores de norepinefrina.

Maprotilina

La maprotilina inhibe la recaptura de norepinefrina y bloquea ciertos tipos de receptores de norepinefrina.

Antidepresivos tricíclicos

Los antidepresivos tricíclicos inhiben la recaptura de serotonina y de norepinefrina y bloquean ciertos receptores. Cada uno de los tipos de antidepresivos tricíclicos funciona en forma ligeramente diferente, estableciendo su propio patrón de acción. Los tricíclicos incluyen:

- Amitriptilina
- Desipramina
- Imipramina
- Nortriptilina
- Protriptilina
- Terimipramina

Los antidepresivos tricíclicos se han utilizado desde la década de 1950. Sin embargo, generalmente no son de primera elección porque pueden causar más efectos secundarios que otros antidepresivos. Los tricíclicos se prescriben más a menudo cuando otros antidepresivos no funcionan. Pueden ser útiles también en el manejo del dolor crónico. Los efectos secundarios frecuentes incluyen sequedad de boca, visión borrosa, mareo, somnolencia, aumento de peso, estreñimiento y dificultad para orinar.

Los tricíclicos pueden precipitar o agravar ciertos trastornos médicos, incluyendo aumento de tamaño de la próstata, algunas formas de glaucoma y algunas formas de enfermedad cardíaca.

Inhibidores de enzimas

Los inhibidores de monoaminooxidasa (IMAO) bloquean la acción de la enzima monoaminooxidasa localizada dentro de las células nerviosas que degradan los neurotransmisores norepinefrina y serotonina. Esto hace que los neurotransmisores permanezcan activos más tiempo en la sinapsis. Los IMAO incluyen:

- Fenelzina
- Tranilcipromina

Debido a que estos fármacos causan efectos secundarios importantes y debido a que se dispone de muchas alternativas de antidepresivos, los

IMAO se utilizan con poca frecuencia en la actualidad. Los médicos generalmente los utilizan cuando han fallado otros antidepresivos.

Las interacciones entre los alimentos y los medicamentos son una preocupación importante con los IMAO. Los alimentos y los medicamentos que contienen altos niveles del aminoácido tiramina pueden interactuar con los medicamentos, causando una elevación brusca de la presión arterial, que puede producir cefalea, aumento de la frecuencia cardíaca y posiblemente un ataque cerebral. La gente que toma IMAO necesita seguir una dieta estricta y tener cuidado con el uso de otros medicamentos. Los alimentos que contienen el aminoácido tiramina incluyen el queso, chocolate, productos de soya, algunos frijoles, aguacates, café, cerveza, vino tinto y pepinillos.

Al suspender un IMAO es importante seguir restricciones dietéticas y de medicamentos por lo menos dos semanas después de dejar de tomar el medicamento para evitar posibles reacciones de los efectos residuales del medicamento en el cuerpo. Se están explorando IMAO más nuevos y más selectivos que no tienen el riesgo de interacciones de alimentos y medicamentos, y pueden estar ya en el horizonte.

Cómo seleccionar un antidepresivo

El médico toma en cuenta varios factores al seleccionar un antidepresivo para tratar la depresión.

Eficacia

Todos los antidepresivos aprobados por la Administración de Alimentos y Medicamentos (FDA) de Estados Unidos son igualmente eficaces, tienen 60% a 80% de probabilidades de mejorar los síntomas. Los médicos no pueden predecir cuáles medicamentos serán eficaces o no en una determinada persona. Un dato que puede ser útil para el médico al decidir administrar un fármaco es la historia familiar. Si un pariente cercano tiene una buena respuesta a un determinado antidepresivo, ese antidepresivo puede ser útil también para usted.

Efectos secundarios

En general los antidepresivos más nuevos tienen menos probabilidad de causar complicaciones severas, interacciones medicamentosas y efectos secundarios molestos que los antidepresivos más antiguos. Los antidepresivos más nuevos incluyen los ISRS, venlafaxina, mirtazapina y nefazodona. Los antidepresivos más antiguos incluyen a los tricíclicos y a los IMAO.

Sin embargo, incluso los medicamentos nuevos tienen la posibilidad de producir efectos secundarios. Los efectos secundarios frecuentes de los antidepresivos incluyen náusea, dolor de cabeza, diarrea, fatiga, insomnio, distensión abdominal, cambios en el apetito, fluctuaciones en el peso y nerviosismo. Estos efectos a menudo son leves y disminuyen en algunos días o en un par de semanas. Los médicos no pueden predecir cuáles medicamentos pueden causar efectos secundarios en ciertos individuos. No se sabe bien por qué algunas personas tienen dificultad con ciertos antidepresivos y otras no.

Además del riesgo menor de efectos secundarios, otra ventaja de los antidepresivos nuevos sobre los antiguos, es que son más convenientes para dosificarlos. Para reducir los efectos secundarios desagradables, los antidepresivos antiguos se toman a menudo en dosis dos o tres veces al día, o la dosis se aumenta gradualmente durante un periodo prolongado. Los antidepresivos más nuevos generalmente requieren que se tomen sólo una vez al día y la mayoría de la gente alcanza más pronto una dosis efectiva.

Otra desventaja de algunos antidepresivos antiguos es que cuando empieza a tomar el medicamento, necesita análisis de sangre regularmente para estar seguro de que está recibiendo la cantidad adecuada del medicamento.

Costo

Los medicamentos nuevos son generalmente más costosos que los antiguos, principalmente porque los antidepresivos antiguos están disponibles en preparaciones genéricas. Un medicamento generalmente es introducido con una marca comercial relativamente costosa y es vendido exclusivamente por la compañía que lo desarrolló. Cuando la patente de un medicamento caduca — generalmente 10 a 15 años después de salir al mercado — se permite que otras compañías manufacturen el medicamento, produciendo lo que se llama medicamentos genéricos. Los genéricos casi siempre tienen un costo menor que los medicamentos originales y

Cómo trabajar con combinaciones

Algunas veces dos antidepresivos son mejores que uno. Por ejemplo si un ISSR no le proporciona alivio completo de la depresión, el médico podría agregar un segundo medicamento de otra familia de medicamentos, como bupropion o mirtazapina.

Estas combinaciones de medicamentos —en las que cada uno funciona en forma diferente— pueden a menudo controlar la depresión cuando un medicamento solo no es eficaz. Sin embargo, cuando combina medicamentos puede presentar mayores efectos secundarios o interacciones, por lo que es esencial una vigilancia estrecha. Una vez que su condición se estabiliza durante un periodo de semanas o meses, el médico puede regresarlo a un solo medicamento, o tal vez reducir la dosis.

Cuando una persona está seriamente deprimida, el médico puede prescribir un estimulante, además de un antidepresivo. Los estimulantes incluyen los medicamentos metilfenidato y dextroanfetamina. Los estimulantes ayudan a levantar el estado de ánimo y el nivel de energía mientras el antidepresivo empieza a funcionar. Típicamente, después de una a cuatro semanas, deja de tomar el estimulante y se queda con el antidepresivo únicamente.

generalmente son igual de eficaces. En Estados Unidos, la FDA regula la manufactura de los medicamentos genéricos, igual que los originales. Esto ayuda a asegurar la calidad del producto.

Si el costo es un factor para usted, el médico puede inicialmente recomendar uno de los antidepresivos antiguos disponible en forma genérica para ver si puede controlar los síntomas eficazmente sin efectos secundarios molestos. Además, algunos planes de salud o compañías de seguros proporcionan o reembolsan sólo ciertos tipos de antidepresivos.

Dosis

Si está deprimido, quiere mejorar rápidamente. El médico también quiere lo mismo. Desafortunadamente, los antidepresivos no funcionan inmediatamente. Se tardan. El medicamento puede empezar a funcionar en las primeras dos semanas, pero pueden pasar hasta ocho semanas antes de tener todo su efecto. Si la dosis inicial que le recomienda no funciona, el médico puede intentar una dosis mayor. Sin embargo, cada ajuste de dosis retrasa el reloj y puede necesitar esperar otro periodo de semanas antes de saber si la nueva dosis es más eficaz.

Los médicos se ven tentados algunas veces de recomendar una dosis mayor del medicamento desde el principio para tener una respuesta más rápida. Pero esta tentación tiene que equilibrarse con el hecho de que demasiado medicamento tomado demasiado rápidamente aumenta el riesgo de efectos secundarios. Puede frustrarse con los efectos secundarios y querer suspender el medicamento antes que haya tenido la oportunidad de funcionar. O puede terminar tomando una dosis mayor del medicamento de la que necesita, con un costo mayor.

Duración

El tratamiento de la depresión con medicamentos se divide a menudo en dos etapas. El enfoque inicial es sentirse mejor. Esta etapa es llamada terapia aguda. El enfoque posterior es mantenerse bien. Esta etapa es llamada terapia de continuación o de mantenimiento.

Algunas personas necesitan tomar medicamento el resto de su vida para controlar la depresión y prevenir una recaída. Otras necesitan medicamento sólo temporalmente hasta que los factores biológicos desconocidos que causaron la depresión se resuelven, o hasta que los eventos de la vida que precipitaron la enfermedad mejoran. En general, si tiene un solo episodio de depresión que continuó durante varios meses o años antes de buscar tratamiento, una vez que la depresión ha desaparecido, continúe tomando un antidepresivo por lo menos 6 a 12 meses adicionales. Suspender el medicamento antes puede aumentar la probabilidad de que la depresión regrese cuando se suspende el medicamento.

Las decisiones respecto al tiempo que se debe continuar un antidepresivo deben individualizarse de acuerdo con las circunstancias de cada persona. Los factores que el médico toma en cuenta incluyen la gravedad y duración de la depresión antes del tratamiento, lo difícil que fue tratar la depresión, si ha tenido episodios previos o historia familiar de depresión, si estuvo sometido a estrés antes o durante el tratamiento, si todavía presenta estrés y si se siente preparado para manejar el estrés.

Llegado el momento de suspender el antidepresivo, usted deberá trabajar con el médico para ir reduciendo gradualmente la dosis del medicamento. Con una dosis menor alguna personas encuentran que los síntomas empiezan a regresar, y necesitan volver a una dosis mayor del medicamento otros 6 a 12 meses. En un porcentaje pequeño de la gente cuya depresión recidiva después de suspender el medicamento, éste ya no es eficaz cuando se intenta de nuevo. Reducir gradualmente la dosis y vigilar si aparecen síntomas recurrentes puede ayudar a evitarlo.

Medicamentos adicionales

Dependiendo del tipo de depresión que tenga y si la depresión se acompaña de otro trastorno, el médico puede recomendar un segundo medicamento además del antidepresivo para tratar la enfermedad.

Estabilizadores del estado de ánimo

Los estabilizadores del estado de ánimo se indican para el trastorno bipolar, que produce fluctuaciones entre la depresión y la euforia (manía). Los dos tipos principales de estabilizadores son el litio y los anticonvulsivantes.

Litio. El litio es una sustancia natural que se encuentra en pequeñas cantidades en ciertos suelos y manantiales. Domina la manía, disminuye la tristeza y ayuda a prevenir que el estado de ánimo cambie de un extremo al otro. El litio se ha utilizado en Estados Unidos para tratar el trastorno bipolar desde 1974. La forma en que funciona es un misterio, pero mejora los síntomas en 60% a 80 % de la gente que tiene la enfermedad.

El litio se vende con distintos nombres comerciales y como medicamento genérico como carbonato de litio. Si toma estos medicamentos, el médico necesita determinar los niveles de litio en la sangre para ajustar la dosis a la cantidad correcta. Ciertos medicamentos pueden aumentar los niveles de litio en la sangre. Incluyen los antiinflamatorios no esteroideos (AINE), como ibuprofeno, ketoprofeno y naproxeno. Algunos medicamentos para la presión arterial alta, incluyendo hidroclorotiazida y los inhibidores de la enzima convertidora de la angiotensina (ECA) pueden afectar también los niveles de litio.

Reforzamiento del litio

Algunos médicos prescriben litio en pacientes deprimidos que no tienen trastorno bipolar. Esto generalmente lo hacen cuando un antidepresivo no funciona. Cuando se toma con un antidepresivo, el litio puede reforzar el efecto del antidepresivo o ayudarlo a funcionar. Este enfoque combinado es llamado reforzamiento del litio.

Verifique siempre con el médico las posibles interacciones medicamentosas cuando agrega un nuevo medicamento o cuando usa preparaciones para el dolor que puede obtener sin receta.

Los efectos secundarios más frecuentes del litio son náusea, diarrea, fatiga, confusión y temblor de las manos. Ocasionalmente causa también sed y orina excesiva. Algunos de estos síntomas desaparecen en unos días, pero la sed, la orina excesiva y el temblor de las manos pueden persistir. Contacte a su médico si presenta estos síntomas.

Anticonvulsivantes. El ácido valproico y la carbamazepina son medicamentos anticonvulsivantes que se prescriben primariamente para trastornos convulsivos (epilepsia). También tratan el trastorno bipolar.

El ácido valproico o la carbamazepina pueden ser eficaces incluso cuando falla el litio, por ejemplo, en el trastorno bipolar de ciclos rápidos. La gente que tiene esta forma del trastorno presenta cuatro episodios o más cada año. En algunos casos el ácido valproico o la carbamazepina se toman en combinación con litio. No se conoce con precisión cómo ayudan los anticonvulsivantes en el trastorno bipolar.

Como otros medicamentos, los anticonvulsivantes producen efectos secundarios. El ácido valproico puede causar sedación, aumento de apetito, aumento de peso y problemas digestivos. Tomando el medicamento con alimento puede ayudar a reducir las molestias digestivas. Los efectos secundarios de la carbamazepina incluyen somnolencia, mareo, confusión, dolor de cabeza y náusea. Uno de los efectos secundarios más frecuentes, una erupción en la piel, desaparece a menudo si suspende el medicamento. Los medicamentos pueden causar también problemas hepáticos en algunas personas. Antes de tomar estos medicamentos, el médico probablemente solicite pruebas del hígado para estar seguro que no tiene problemas hepáticos y que puede tomar el medicamento con seguridad. Otro efecto secundario potencialmente grave de la carbamazepina es que puede disminuir sus glóbulos blancos. Con mayor frecuencia la reducción es ligera, pero algunas veces puede ser severa, aumentando el   riesgo de infección.

Los medicamentos anticonvulsivantes más nuevos que se están estudiando para el tratamiento de la depresión bipolar incluyen la gabapentina y la lamotrigina.

Medicamentos antiansiedad

La depresión y la ansiedad a menudo ocurren juntas. Los antidepresivos — especialmente los ISRS o la mirtazapina — controlan a menudo la ansiedad y tratan la depresión. Pero debido a que los antidepresivos pueden tardar varias semanas para empezar a funcionar, el médico puede prescribir un segundo medicamento durante un corto tiempo para ayudar a controlar la ansiedad hasta que el antidepresivo sea eficaz. Le pueden prescribir otro medicamento si un antidepresivo solo no es eficaz.

Los sedantes llamados benzodiazepinas funcionan rápidamente —a menudo en 30 a 90 minutos— para disminuir la ansiedad. Pero estos medicamentos tienen dos desventajas mayores: Pueden formar hábito si se toman más de unas cuantas semanas y no son eficaces para controlar la depresión. Por estas razones los médicos las prescriben generalmente sólo un corto tiempo para ayudarlo a controlar un periodo de gran ansiedad o hasta que el antidepresivo haya tenido tiempo para ser eficaz. Los sedantes más frecuentemente prescritos para controlar la ansiedad incluyen:

- Alprazolam
- Clordiazepóxido
- Clonazepam
- Diazepam
- Lorazepam

Los sedantes pueden causar mareo, somnolencia, falta de equilibrio y disminución de la coordinación muscular. Las dosis más elevadas y el uso a largo plazo puede interferir con la memoria. Al suspender los sedantes es importante reducir la dosis gradualmente en varios días o semanas, de acuerdo con el   médico. Esto puede ayudar a prevenir síntomas de supresión, como náusea, falta de apetito, irritabilidad, insomnio, dolor de cabeza, mareo y temblor.

Para la ansiedad más severa, el médico puede recomendar el medicamento buspirona. Es eficaz a menudo para tratar la ansiedad que no se ha controlado con antidepresivos. La buspirona puede ser eficaz también para el trastorno de ansiedad generalizada, un trastorno en el cual se preocupa excesivamente sin razón aparente. El medicamento influye sobre la actividad de la serotonina pero en una forma diferente a los ISRS. Como los antidepresivos, pueden pasar dos a tres semanas para que la buspirona sea eficaz, y hasta seis meses antes de tener el efecto completo del medicamento. Desafortunadamente la buspirona no funciona igual de bien si ha tomado benzodiazepinas en el pasado.

Los efectos secundarios frecuentes de la buspirona incluyen una sensación de mareo poco tiempo después de tomar el medicamento. Generalmente dura unos cuantos minutos. Los efectos secundarios menos frecuentes incluyen dolor de cabeza, náusea, nerviosismo e insomnio.

Medicamentos antipsicóticos

Disponibles desde la década de 1950, los medicamentos antipsicóticos se prescriben típicamente para casos severos de depresión acompañada de psicosis, un trastorno en el cual la gente presenta alucinaciones o delirio. Algunos de los medicamentos antipsicóticos más frecuentemente utilizados incluyen:

- Haloperidol
- Olanzapina
- Quetiapina
- Risperidona
- Tioridazina
- Trifluoperazina
- Ziprasidona

Los antipsicóticos bloquean los efectos del neurotransmisor dopamina, asociado a la psicosis. Los medicamentos son a menudo eficaces, pero pueden causar efectos secundarios en algunas personas, incluyendo aumento de peso, sequedad de boca, visión borrosa, estreñimiento, somnolencia y tendencia a quemaduras del sol. Ocasionalmente los antipsicóticos producen contracciones involuntarias de los músculos pequeños de la cara, labios, lengua y algunas veces de otras partes del cuerpo. Esto es más frecuente con los antipsicóticos más antiguos y con el uso prolongado de estos medicamentos.

Nuevos medicamentos en estudio

Las compañías farmacéuticas siguen investigando nuevos medicamentos para tratar la depresión con la esperanza de ayudar a la gente que no se beneficia con los antidepresivos actuales o que tienen efectos secundarios intolerables. Si la investigación tiene éxito, estos medicamentos pueden lanzar nuevas clases de antidepresivos, proporcionar más opciones de tratamiento y mejorar nuestra comprensión de la biología de la depresión. Dos tipos de medicamentos que se están estudiando incluyen:

Bloqueadores de la sustancia P. Estos medicamentos parecen bloquear las células nerviosas para evitar que reciban mensajes de una sustancia química llamada sustancia P. La sustancia P se encuentra en el cerebro y la médula espinal (sistema nervioso central) y está implicada en la transmisión de las señales del dolor. Cuando los investigadores estudiaban el medicamento como un posible tratamiento para el dolor descubrieron que tuvo un efecto antidepresivo en algunas personas que lo tomaron.

Bloqueadores de CRF. Una cantidad excesiva de la hormona llamada factor de liberación de la corticotrofina (CRF) puede desempeñar un papel en la depresión. Los investigadores especulan que la hormona CRF, que puede activarse por el estrés, estimula la liberación de otras sustancias químicas en el cerebro que causan depresión. Los estudios clínicos en animales y humanos sugieren que los medicamentos que bloquean el CRF y evitan que actúe en las células cerebrales, pueden reducir los síntomas de depresión.

Se requieren todavía muchos estudios para determinar si estos dos tipos de medicamentos son seguros y eficaces, y si interactúan con otros medicamentos. Los investigadores están especialmente interesados por saber si estos medicamentos pueden ser eficaces en la gente que no se ha beneficiado con otros antidepresivos. Incluso si los estudios siguen mostrando beneficios, probablemente pasarán varios años antes que estos medicamentos estén disponibles.

Hierbas y suplementos dietéticos

De acuerdo con un estudio reciente, más de una tercera parte de la gente con depresión grave o ansiedad utiliza alguna forma de terapia alternativa o complementaria para tratar la enfermedad. Ésta incluye hierbas y suplementos dietéticos que se venden sin receta. Debido a su creciente popularidad, algunos suplementos se encuentra bajo revisión crítica para determinar su papel en la depresión. En algunos años se sabrá más respecto a estos productos, incluyendo su eficacia, seguridad y la forma en que interactúan con los medicamentos de prescripción.

Hasta entonces, hable con el médico antes de tomar cualquier hierba o suplemento dietético. Debido a que los productos alternativos no están sujetos a las mismas reglamentaciones de seguridad y eficacia que los medicamentos de prescripción, no puede estar seguro de que el producto no se haya contaminado durante su preparación o manufactura. Tampoco puede tener confianza de que el mismo producto de diferentes fabricantes tenga la misma calidad, así como cantidades consistentes del ingrediente activo. Incluso lotes diferentes del producto del mismo fabricante pueden ser de diferente calidad.

Las páginas que siguen incluyen algunos de los suplementos más populares comercializados para el tratamiento de la depresión.

Planta de San Juan

La planta de San Juan es una preparación derivada de la planta *Hypericum perforatum*. Se ha utilizado desde hace mucho tiempo en la medicina popular y actualmente se utiliza ampliamente en Europa para tratar la ansiedad, depresión y trastornos del sueño. En Estados Unidos se vende en las tiendas de alimentos naturales (herbolarios) y en las farmacias en forma de tabletas o té.

Algunos estudios sugieren que la planta de San Juan puede funcionar tan bien como un antidepresivo en la depresión leve a moderada y con menos efectos secundarios. Pero de acuerdo con un extenso estudio clínico publicado en el *Journal of the American Medical Association* en abril de 2001, no es eficaz para el tratamiento de la depresión mayor. Los resultados de otro estudio de la planta de San Juan patrocinado por los Institutos Nacionales de Salud de Estados Unidos estarán disponibles en un futuro cercano.

Las reacciones adversas de esta preparación pueden incluir sequedad de boca, mareo, problemas digestivos, fatiga, confusión y sensibilidad a la luz del sol. En la mayoría de los casos las reacciones son leves. Una preocupación importante es que la planta de San Juan puede interferir con la eficacia de ciertos medicamentos de prescripción, incluyendo los antidepresivos, los medicamentos para tratar el virus de la inmunodeficiencia humana (VIH) y el SIDA, y los medicamentos para prevenir el rechazo de órganos en las personas que han recibido trasplantes. Puede aumentar también el riesgo del síndrome de serotonina si se toma con un ISRS o con otro antidepresivo activo sobre la serotonina.

SAM-e

El término *SAM-e* es la abreviatura de la S-adenosil-metionina, una sustancia química utilizada en Europa para tratar la depresión. Está disponible allá como medicamento de prescripción. En Estados Unidos se vende como un suplemento y no necesita receta. SAM-e se encuentra en las células humanas y desempeña un papel en muchas funciones del cuerpo. Se piensa que aumenta los niveles de serotonina y dopamina, aunque todavía requiere confirmarse en estudios más amplios. Los estudios europeos sugieren que funciona igual que los antidepresivos convencionales, pero con efectos secundarios más leves.

Las tabletas de SAM-e son costosas, especialmente tomando en cuenta que su eficacia no se ha comprobado. El Informe del Consumidor comparó una docena de marcas y encontró que el precio

Postura en favor de más reglamentaciones

En Estados Unidos, encuestas recientes muestran que respecto a los productos alternativos, los estadounidenses están en favor de un mayor control del gobierno. La Escuela de Salud Pública de Harvard llevó a cabo encuestas nacionales de opinión y encontró que la mayoría de la gente apoya las reglamentaciones que darían a la Administración de Alimentos y Medicamentos (FDA) autoridad para revisar los suplementos dietéticos por seguridad antes de su venta y retirar los productos de las tiendas que no sean seguros. Los que respondieron las encuestas afirmaron también que quisieran ver una mayor reglamentación del gobierno respecto a la publicidad de los suplementos dietéticos para que lo que se afirma de los productos sea cierto.

de una dosis tiene variaciones importantes. La revista encontró también que la cantidad de S-adenosil-metionina de las tabletas fue variable. Demasiado producto puede ser perjudicial.

Ácidos grasos omega-3

Los ácidos grasos omega-3 se encuentran en aceites de pescado y en ciertas plantas. Se están investigando como posibles estabilizadores del estado de ánimo en la gente que tiene el trastorno bipolar. Algunos estudios sugieren que la gente con depresión tiene menores cantidades de un ingrediente activo que se encuentra en los ácidos grasos omega-3. Un estudio limitado sugiere que los ácidos grasos omega-3 pueden prevenir la recaída en personas con trastorno bipolar.

Las cápsulas de aceite de pescado que contienen ácidos grasos omega-3 se venden en tiendas. Las cápsulas tienen un contenido elevado de grasas y calorías y pueden producir problemas gastrointestinales. Otra forma de obtener más omega-3 es simplemente consumir más pescado de aguas frías, como salmón, macarela/caballa y arenque.

5-HTP

Una de las materias primas que el cuerpo necesita para elaborar serotonina es una sustancia química llamada 5-hidroxitriptofano (5-HTP). Este producto se prescribe en Europa para tratar la depresión. En Estados Unidos está disponible como un suplemento que se puede obtener sin receta.

En teoría, si aumenta el nivel de 5-HTP en el cuerpo, podría elevar también los niveles de serotonina. Un estudio limitado comparó la 5-HTP con el ISRS fluvoxamina. La gente que tomó tres dosis diarias de 100 miligramos de 5-HTP informó un poco más de alivio que los que tomaron fluvoxamina y con menos efectos secundarios. Pero no hay suficiente evidencia para determinar si la 5-HTP es eficaz y segura. Se requieren estudios más extensos.

En la década de 1980 se observó una complicación médica grave en algunas personas que tomaron 5-HTP de un lote defectuoso. Muchas tuvieron daño neurológico permanente y varias de ellas murieron. Este es un ejemplo de por qué se debe ser cauteloso cuando se considera el uso de hierbas y suplementos dietéticos no regulados.

Capítulo 8

Consejo y psicoterapia

Mucho tiempo antes que se desarrollaran los tratamientos médicos para la depresión, la gente encontraba consuelo y alivio de la angustia emocional "descargando el alma" — discutiendo sus problemas y temores. En tiempos difíciles, es natural recurrir a un amigo, a un familiar, a un médico o a un miembro del clero. Hablar con alguien en quien confía para aliviar la angustia y recibir consejo sigue siendo una parte integral del tratamiento de la depresión. Actualmente estas discusiones se llevan a cabo a menudo con un profesional de salud mental.

Los términos *consejo* y *psicoterapia* se utilizan más frecuentemente para describir este componente del tratamiento. No son términos específicos para un cierto tipo de tratamiento. Más bien se refieren a recibir ayuda de un profesional de salud mental con alguna combinación entre hablar y escuchar. *Terapia de conversación* es otro término para esta práctica. Igual que hay diferentes tipos de medicamentos, también hay diferentes tipos de consejo y psicoterapia.

Consejo

Consejo es un término general para las recomendaciones de un profesional. Puede buscar consejo para información y recomendación respecto a muchos tipos de preocupaciones — legales, económicas, de

Consejo en acción

Janet, que a los 30 años de edad acude a su médico familiar porque no puede dormir bien, ha perdido el apetito, tiene molestias en el estómago y se ha sentido muy cansada. Su doctor completa su evaluación médica y encuentra que su salud física es buena. El médico piensa que probablemente su problema es la depresión y quiere saber más de Janet.

Janet tiene una fe profundamente religiosa. Conoció, se enamoró y se casó con su esposo en la iglesia. Han estado educando a sus dos hijos dentro de una fe sólida. Sin embargo, recientemente el esposo de Janet le dijo que había perdido la fe. Janet está devastada. Avergonzada e insegura, se siente sola y no sabe qué hacer. Janet dice a su médico que además de sus problemas físicos, en los últimos dos meses se ha sentido triste, se ha retirado de muchas actividades que antes disfrutaba y a menudo se encuentra llorando.

El médico de Janet le dice que sus síntomas muy probablemente están relacionados con depresión y que su depresión se relaciona probablemente con el estrés. El médico sugiere que se reúna con su pastor en busca de consejo y le pide a Janet que regrese en varias semanas para ver cómo sigue.

Janet encuentra que después de varias sesiones de consejo con su pastor, en las cuales se convence de que no todo está perdido y que su iglesia sigue siendo un apoyo, empieza a sentirse mejor y sus síntomas empiezan a desaparecer.

la carrera o espirituales. La gente deprimida a menudo busca consejo acudiendo a diversos profesionales: un médico, un profesional de salud mental o un miembro del clero. Gran parte de la información contenida en este libro, si le es proporcionada por un profesional, podría considerarse consejo.

Aunque los términos *consejo* y *psicoterapia* se usan a menudo en forma intercambiable, el término *psicoterapia* denota un proceso en el que se recibe ayuda de un profesional de salud mental más involucrado y más individualizado que la información general y la recomendación asociadas al consejo.

Psicoterapia

La *psicoterapia* puede ser un término poco claro y a menudo confuso. Una razón de la confusión es que hay muchos tipos diferentes de psicoterapia. Otra razón es que algunas personas consideran la psicoterapia como psicoanálisis — una forma intensa, prolongada y costosa de tratamiento que hoy se utiliza menos frecuentemente. La psicoterapia describe el tratamiento de la enfermedad mental que involucra escuchar, hablar, hacer frente a los pensamientos y emociones y cambiar los comportamientos.

Las técnicas de psicoterapia han evolucionado con el tiempo y han ocurrido muchos avances que han hecho a la psicoterapia más accesible, asequible y eficaz y requiere menos tiempo.

En las páginas que siguen describimos varias formas de psicoterapia para tratar la depresión. Puede causar confusión leer respecto a las diferentes formas e intentar enseguida hacer coincidir lo que ha leído con su propia experiencia o la de un familiar o amigo. Esto se debe a que los terapeutas experimentados a menudo adaptan la psicoterapia a las necesidades específicas de cada individuo. Esto puede requerir combinar elementos de diferentes enfoques en un enfoque integral diseñado para ayudar mejor a la persona deprimida.

Tipos de psicoterapia

Dentro de cada tipo de psicoterapia, el paciente trabaja estrechamente con un profesional de salud mental para tratar su problema. Pero diferentes formas de psicoterapia tienen diferentes objetivos. Algunas formas están dirigidas a ayudarlo a identificar los pensamientos y comportamientos no saludables que están contribuyendo a su depresión y reemplazarlos por otros saludables. Algunos están diseñados para ayudarlo a manejar una crisis inmediata, como la muerte de un ser querido, un matrimonio en problemas o una crisis económica. Otras formas están diseñadas para explorar el estrés, la ansiedad o los patrones problemáticos del comportamiento que pueden haber precipitado la depresión.

Los estudios sugieren que para tratar la depresión, un enfoque de corto plazo orientado a un objetivo es a menudo el que tiene más éxito. Dos formas de psicoterapia que han probado ser muy eficaces son la terapia del comportamiento cognoscitivo y la terapia interpersonal.

Cómo seleccionar un terapeuta

Cualquiera puede decir que es "psicoterapeuta". Por lo tanto, quiere asegurarse que la persona que selecciona para ayudarlo es un profesional de salud mental debidamente autorizado para ejercer. Las opciones son:

- Psiquiatras
- Psicólogos

Estos profesionales tienen título profesional, constancia de estar preparados en el campo de la salud mental y licencia para ejercer, además deben actualizar sus conocimientos y habilidades a través de educación continua.

Es también importante que se sienta a gusto con su terapeuta y sienta confianza en sus habilidades, puesto que puede estar confiando sus pensamientos, sentimientos y temores íntimos a esta persona. La Asociación Nacional de Salud Mental recomienda que evite a individuos u organizaciones que:

- No responden satisfactoriamente a sus preguntas
- Prometen recompensas económicas si hace una cita o participa en un programa
- Ofrecen o implican garantía de éxito
- Tratan de involucrarlo en un compromiso económico de largo plazo

Durante la reunión inicial con un terapeuta, no dude en hablar respecto a honorarios, duración de la terapia, cobertura del seguro y otros asuntos prácticos. Mantenga en mente que algunos planes de cuidados de salud limitan su selección de los prestadores de cuidados de salud mental. Su plan de seguros puede requerir que vea primero a un médico familiar o seleccionar un profesional de salud mental que pertenece a una red específica.

Terapia del comportamiento cognoscitivo

La terapia del comportamiento cognoscitivo (TCC) se basa en el principio de que "uno es lo que uno piensa". O más bien, la forma en que se siente es resultado de la forma en que piensa de sí mismo y de sus circunstancias de la vida. Este tipo de terapia propone que los pensamientos pesimistas y las perspectivas negativas de los eventos de la vida contribuyen a la depresión. De acuerdo a esta teoría, la gente que presenta depresión tiene a menudo:

- Una perspectiva negativa de sí mismo, considerándose inútil, inadecuado, desamparado, antipático y deficiente
- Una perspectiva negativa de su ambiente, considerándolo abrumador, sin apoyo y lleno de obstáculos
- Una perspectiva negativa del futuro, considerándolo sin esperanza

Hacer suposiciones no saludables

¿Tiene propensión al pesimismo o a los pensamientos negativos? Las suposiciones persistentemente negativas pueden contribuir a la depresión. El primer paso para cambiar los patrones de pensamientos no saludables es reconocerlos. Los patrones de pensamientos negativos e irracionales pueden incluir los siguientes:

Pensamientos catastróficos. Usted automáticamente anticipa lo peor: "Tengo un mensaje para que llame a mi jefe. Seguro que va a despedirme".

Generalizaciones excesivas Considera un evento inquietante como el principio de un ciclo sin fin: "Tengo dolor de cabeza esta mañana. Probablemente no podré salir a caminar hoy. Eso significa que aumentaré de peso. Va a ser una semana terrible".

Personalizar. Interpreta los eventos que no tienen nada que ver con usted como si se reflejaran en usted: "Una persona abandonó la reunión. Seguramente me encontró muy aburrido".

Pensamiento de todo o nada. Ve las cosas sólo en extremos, como negro o blanco. No hay término medio: "Si no tengo 100 en el examen, soy un fracaso".

Emocionalizar. Permite que sus sentimientos controlen su juicio: "Me siento estúpido y aburrido, por lo tanto debo ser estúpido y aburrido".

Filtrar. Amplifica los aspectos negativos de una situación y filtra y aleja todos los positivos: "Me están ascendiendo. Supongo que no tendré que trabajar los fines de semana y que tendré un mejor salario, pero ¿y si tengo que cambiarme a un nuevo departamento? ¿Y si no me llevo bien con la gente de allá? ¿Y si tengo que aprender un nuevo programa de computación?

Terapia del comportamiento cognoscitivo en acción

Las cosas iban bien para Tom hasta que su compañía anunció que tendría que recortar 10% de los empleados en los siguientes meses. Nadie sabe quien deberá dejar el trabajo. Tom se ha desempeñado bien, pero nunca ha sentido confianza en sus habilidades para su trabajo. Piensa que seguramente lo despedirán.

El estrés está llegando a Tom. Despierta a media noche y no puede volver a dormirse. Pierde el apetito. Se siente sin esperanzas e impotente respecto al futuro. Su médico familiar lo refiere a un psicólogo para ayudarlo a manejar la depresión y ansiedad. "¿Qué puedo hacer?" le pregunta al terapeuta. "Este trabajo es todo lo que sé hacer. Nadie más me necesita. Y no quieren a alguien de mi edad. Ahora mis hijos no podrán ir a la universidad y voy a perder nuestra casa y el automóvil".

"No tan rápido", le dice el psicólogo. "Estas son preocupaciones reales, pero no ha perdido todavía su casa ni su automóvil antes de saber si va a perder su trabajo".

Mediante la terapia de comportamiento cognoscitivo Tom identifica sus pensamientos negativos automáticos y empieza a identificar y utilizar más las formas positivas para valorar la situación.

¿Quién puede beneficiarse?

El objetivo de la terapia del comportamiento cognoscitivo es reemplazar los pensamientos negativos con percepciones más positivas y reales, logra esto aprendiendo a reconocer las reacciones y los pensamientos depresivos asociados cuando ocurren, generalmente llevando un diario de sus pensamientos y respuestas. Usted y su terapeuta pueden desarrollar entonces formas para desafiar esas reacciones y pensamientos negativos. Esto puede incluir la asignación de trabajo en casa, como leer sobre la depresión o comunicarse con otros. Estas asignaciones lo ayudan a aprender la forma de reemplazar las respuestas negativas por positivas. Eventualmente el proceso se vuelve automático.

La terapia del comportamiento cognoscitivo es un tratamiento de corto plazo que generalmente incluye entre 12 y 16 sesiones de tratamiento. Esta forma de terapia ha sido investigada y los estudios muestran que funciona especialmente bien para tratar la depresión leve a moderada. Un estudio extenso del Instituto Nacional de Salud Mental comparó tres tratamientos diferentes para la depresión y encontró que la terapia del comportamiento cognoscitivo es eficaz para la depresión leve pero no tan eficaz como los medicamentos para la depresión severa. La investigación sugiere también que hay menos riesgo de episodios futuros de depresión con la terapia del comportamiento cognoscitivo que con medicamentos. Una combinación de terapia y medicamentos es a menudo más eficaz que cualquiera de ellas sola.

Terapia interpersonal

La terapia interpersonal (TIP) se enfoca en la relaciones como clave para comprender y superar los síntomas y signos asociados a la depresión. El objetivo de la terapia interpersonal es mejorar sus habilidades de relación y comunicación e incrementar su autoestima. La terapia interpersonal explora típicamente cuatro áreas:

- Pesar no resuelto
- Conflictos o disputas con otros
- Transición de un papel social u ocupación a otro
- Dificultades con las habilidades interpersonales

Como la terapia del comportamiento cognoscitivo, la terapia interpersonal es de corto plazo, implica generalmente 12 a 16 sesiones

Terapia interpersonal en acción

Kate se ha alejado de su casa, en donde tenía relaciones muy estrechas con su familia y buenas amistades, para asistir a la escuela en una ciudad en donde no conoce a nadie. No tiene mucha confianza en su capacidad para hacer nuevas amigas y sus esfuerzos para hacer nuevas amistades han fallado. Se siente sola y aislada y tiene dificultad para adaptarse. Ha presentado varios síntomas de depresión, llanto fácil, alteraciones del sueño, falta de apetito y tendencia a encerrarse en su cuarto. Además, no siente mucho placer en actividades que antes disfrutaba.

Kate ve a un psicólogo del centro universitario de salud mental. El psicólogo utiliza terapia interpersonal para ayudar a Kate a navegar en esta transición y construir habilidades para establecer relaciones y autoconfianza. En algunas semanas, los síntomas de Kate empiezan a disminuir.

de tratamiento. La terapia interpersonal tiene tres fases de tratamiento. La fase inicial se centra en las áreas de identificación de problemas, la fase media se centra en el manejo y la solución de uno o más aspectos claves, y la última fase se centra en la terminación de la terapia.

¿Quién puede beneficiarse?

La terapia interpersonal puede ser eficaz para reducir los síntomas de la depresión leve a moderada y para mejorar su capacidad para formar relaciones y funcionar en ambientes sociales. En una comparación de la terapia interpersonal con el tratamiento antidepresivo con medicamentos, los dos fueron igualmente eficaces, aunque los medicamentos funcionaron más pronto. Una combinación de terapia y medicamentos es a menudo más eficaz que cualquiera de ellas sola. El estudio de comparación encontró que un año después del tratamiento, la gente que recibió terapia interpersonal y medicamentos estaba funcionando mejor que la gente que recibió medicamentos únicamente.

Otras formas de psicoterapia

Mucha gente que está deprimida obtiene el mayor beneficio de sesiones individuales con su terapeuta. Pero para algunos un ambiente de grupo es más benéfico. Otros encuentran útil asistir a sesiones de terapia con su cónyuge, compañero o familiar. La terapia de grupo, de parejas o familiar puede estar basada en estrategias del comportamiento cognoscitivo, técnicas interpersonales o una combinación de estas o de otras terapias.

Terapia de grupo

La terapia de grupo implica un grupo de personas desconocidas y uno o más profesionales de salud mental que ayudan a facilitar la terapia. No es lo mismo que un grupo de apoyo, que puede ser conducido por compañeros o personal lego en lugar de profesionales. La terapia de grupo se dirige hacia muchos de los mismos objetivos que la terapia individual, pero se basa en consejo, retroinformación y apoyo de otros en el grupo respecto a cómo manejar y cambiar los problemas inquietantes.

Algunos grupos están diseñados para personas con problemas comunes, como depresión, violencia doméstica, abuso de sustancias o juego de azar compulsivo. Otros grupos son más generales. En cualquier forma, tanto el terapeuta como los miembros del grupo desempeñan un papel crucial para ayudar a la gente a salir del conflicto. A menudo un miembro del grupo descubre que su experiencia pasada es útil para otro miembro.

Las sesiones de grupo pueden llevarse a cabo en una práctica privada, en un centro comunitario de salud mental, en un hospital o en otro sitio profesional. Las personas que generalmente se benefician más con la terapia de grupo son los individuos que están dispuestos a compartir sus experiencias, pensamientos y sentimientos personales con un grupo y que están dispuestos a escuchar los temores y frustraciones de otras personas, en lugar de centrarse únicamente en sus propios problemas.

Terapia de parejas y familiar

La terapia de parejas y familiar puede ser útil para ayudar a los cónyuges, compañeros y familias a trabajar juntos para superar la depresión y otras enfermedades mentales que pueden asociarse a la depresión. En lugar de centrarse en el individuo, la terapia de parejas y familiar se centra en la unidad — la interacción entre la pareja o los miembros de la familia.

Una pareja o una familia pueden decidir buscar terapia juntos si tienen problemas severos que interfieren con su funcionamiento normal, o si la terapia individual no parece estar ayudando. Los problemas comunes en las parejas que pueden ayudarse con la terapia incluyen dificultades de comunicación, problemas sexuales y expectativas diferentes de la relación. El objetivo es solucionar los problemas lo más rápida y eficazmente que sea posible. En las parejas que reciben consejo, aproximadamente dos terceras partes mejora.

¿Cuánto dura la psicoterapia?

Dependiendo de qué tan seria es su depresión y el tipo de terapia que selecciona, la psicoterapia puede durar sólo unas cuantas sesiones o continuar durante varios meses. En general, mientras más grave o complicada es la depresión, más tiempo se necesita para tratarla.

Para la mayoría de la gente, la terapia de corto plazo es eficaz para tratar la depresión leve a moderada. En un estudio nacional, la mitad de la gente estudiada mostró mejoría significativa después de ocho sesiones de terapia y tres cuartas partes mejoraron después de seis meses. Algunas veces incluso una sesión de terapia puede proporcionar la tranquilidad, confianza o comprensión necesaria para superar la depresión. Una vez que terminan las sesiones de terapia, el médico o terapeuta puede pedirle que regrese para exámenes periódicos y para ver lo que está haciendo.

La terapia de largo plazo — algunas veces llamada terapia orientada a la introspección, terapia psicodinámica o terapia de apoyo — generalmente dura más de seis meses y puede continuar durante varios años. El objetivo de este tipo de terapia no es tanto tratar la depresión sino identificar y cambiar los patrones de comportamiento que aumentan el riesgo de depresión. Por ejemplo, un joven que ha mejorado después de tratamiento de su tercer episodio de depresión en cinco años, ha relacionado el inicio de cada uno de sus episodios de depresión con relaciones que han terminado mal cuando no era capaz de hacer un compromiso serio. A través de la terapia de largo plazo, él espera comprender mejor por qué tiene dificultad para comprometerse en una relación y evitar que siga presentándose el mismo patrón.

Los individuos que tienen mayor probabilidad de beneficiarse con la terapia de largo plazo son aquellos cuya depresión se acompaña de otra enfermedad mental, como trastorno de ansiedad, trastorno de la alimentación, abuso de sustancias, trastorno de personalidad o patrones de comportamiento persistentemente dolorosos o costosos.

¿Cómo funciona la psicoterapia?

A largo plazo, la psicoterapia puede proporcionar muchos beneficios y desempeñar un papel importante en el tratamiento de la depresión leve a moderada. Puede ayudarlo a comprenderse mejor, a desarrollar habilidades para resolver problemas, proporcionarle formas más efectivas para enfrentar los eventos de la vida y ayudarlo a manejar y expresar las emociones fuertes. La psicoterapia puede ser también un tratamiento eficaz en algunas personas con depresión leve a moderada que no quieren tomar medicamentos antidepresivos o que no toleran su efectos secundarios. Muchas veces se combinan los medicamentos con la psicoterapia.

No se sabe exactamente cómo mejora la depresión con psicoterapia. Esto se debe en parte a que los diferentes tipos de psicoterapia funcionan en forma diferente. Los profesionales de salud mental creen que la psicoterapia influye sobre la depresión en la forma siguiente:

- Aprender sobre la depresión y lo que puede hacer para tratarla le proporciona un sentimiento de tranquilidad. Trabajando activamente con un profesional de salud mental para manejar la depresión, puede también tener una sensación de dominio — la convicción de que tiene el control y que puede mejorar.
- Cambiando los pensamientos, actitudes, comportamientos y relaciones negativos por otros más saludables y positivos puede reducir el estrés o manejar mejor el estrés. Estos cambios positivos pueden también resultar en mejores relaciones con los demás, así como relaciones más confortables con usted mismo.

Sentirse 'atorado'

Durante el curso de la psicoterapia, puede preguntarse si el tratamiento lo está ayudando. Mantenga en mente que tener sentimientos negativos respecto a la psicoterapia no significa que no esté funcionando. Confrontar los problemas difíciles puede ser atemorizante y abrumador. Cierta resistencia o enojo es una parte normal del proceso.

Si está preocupado respecto a algún aspecto en particular de la terapia, hable de ello con el terapeuta. Puede ser que tenga el sentimiento de que el terapeuta no entiende sus temores o frustraciones. Puede ser que tenga dificultad para comunicarse con el terapeuta. O puede ser que no se sienta a gusto con el lenguaje corporal o el comportamiento del terapeuta. Todos estos son aspectos importantes que deben discutirse.

Si no está satisfecho con la respuestas que recibe, si sigue sintiéndose incómodo o si no mejora después de un periodo de semanas o meses, puede optar por una segunda opinión.

- Expresar los sentimientos en una relación terapéutica de apoyo puede ser benéfico. Algunos llaman a esto ventilar. Discutir el material emocional en el ambiente adecuado puede favorecer también el conocimiento de sí mismo, liberar las emociones negativas y favorecer el cambio.

- La investigación del cerebro mediante imagenología muestra que la terapia del comportamiento cognoscitivo puede producir cambios en la actividad del cerebro en regiones asociadas a la depresión. No se sabe si estos cambios reflejan los efectos de la reducción del estrés, el mejor manejo del estrés, o si son resultado directo del tratamiento. Pero los estudios apoyan fuertemente la relación estrecha entre el estado de la mente y la actividad cerebral.

Cómo hacer que funcione

La psicoterapia puede tener éxito sólo si tanto usted como su terapeuta se dedican a obtener un resultado exitoso. Las habilidades del terapeuta son importantes, pero lo que usted contribuye importa también —su actitud, expectativas y compromiso. Si va a la terapia con la actitud de que "nadie puede ayudarme realmente" o "esto nunca funcionará", las probabilidades de éxito se reducen muchísimo.

Es importante durante las sesiones de terapia ser honesto, enfrentar algunas verdades posiblemente dolorosas, discutir sentimientos desagradables y estar abierto a nueva información y forma de hacer las cosas. A su vez, el terapeuta escuchará cuidadosamente, valorará, interpretará y ayudará a conducirlo a comportamientos más saludables. El proceso implica confianza mutua, respeto y confidencialidad.

Capítulo 9

Terapia electroconvulsivante y otros tratamientos biomédicos

lgunas veces los medicamentos antidepresivos y la psicoterapia no son eficaces. O de acuerdo al estado de salud de la persona, pueden no ser apropiados. Afortunadamente se dispone de otras opciones. Este capítulo examina otras dos formas de tratamiento para la depresión: la terapia electroconvulsivante (TEC) y la terapia de luz. También le informaremos respecto a posibles terapias futuras que se encuentran en estudio.

Terapia electroconvulsivante

Para muchas personas la terapia electroconvulsivante evoca imágenes de la novela y la película One Flew Over the Cuckoo's Nest ("Atrapado sin salida"). Pero esa película y otras semejantes son retratos obsoletos e inexactos de este método para tratar la depresión. Estudio tras estudio indican que la TEC es un tratamiento seguro, eficaz y eficiente. Todavía está inmersa en controversia debido a su historia de mal uso inicial y algunas veces imágenes negativas en los medios de comunicación. La verdad es que la TEC es uno de los tratamientos más eficaces para la depresión grave que la medicina moderna puede ofrecer.

Un poco de historia

Los orígenes de la TEC se remontan a principios de la década de 1930, cuando los científicos creían que podían tratar las enfermedades mentales

97

induciendo convulsiones. Para tratar la depresión y otros trastornos mentales, los investigadores inyectaban a los individuos sustancias químicas que desencadenaban una convulsión. La práctica fue altamente eficaz en algunas personas, pero muchas encontraban las convulsiones aterradoras. Además, el uso de sustancias químicas no era confiable.

Ocurrió un avance importante en abril de 1938 cuando dos investigadores italianos utilizaron corriente eléctrica en lugar de una sustancia química para inducir una convulsión en un enfermo mental. Un hombre que presentaba ilusiones y alucinaciones se recuperó completamente después de 11 tratamientos de TEC. Este éxito propició la rápida diseminación de la TEC como tratamiento de la enfermedad mental, incluyendo la depresión.

Las percepciones equivocadas respecto a la TEC —que es dolorosa y peligrosa— derivan de los relatos iniciales de su uso. Los médicos empezaron a usar la TEC en Estados Unidos en 1940. Entonces se aplicaba la terapia sin anestesia ni relajantes musculares. El paciente estaba despierto y el personal del hospital a un lado para sujetar sus hombros, brazos y piernas antes y durante la convulsión. Además, los médicos utilizaban una corriente eléctrica mucho más intensa de la que se usa ahora para inducir la convulsión. Como resultado, los efectos secundarios y complicaciones del procedimiento eran algunas veces significativos.

Cómo funciona la TEC

Actualmente la TEC es un tratamiento científicamente refinado que se practica cada vez más en forma ambulatoria y en un sitio semejante al que se utiliza para procedimientos quirúrgicos menores. El tiempo total de la anestesia es de 10 minutos aproximadamente, con 30 a 45 minutos adicionales en la sala de recuperación. El equipo de tratamiento incluye generalmente un psiquiatra, una enfermera y un anestesiólogo o enfermera anestesista.

Típico de muchos centros médicos grandes, la Clínica Mayo aplica la TEC en la forma siguiente: Antes del procedimiento el paciente es examinado y se le formula una serie de preguntas para asegurarse de que está preparado para el tratamiento. Luego es trasladado en camilla a la sala en donde se practica el procedimiento. Mientras está acostado, el médico le coloca pequeños electrodos del tamaño de una moneda en la cabeza.

Mientras se están colocando los electrodos, se aplican inyecciones intravenosas de un anestésico de corta acción para ponerlo a dormir y un relajante muscular para evitar las sacudidas que pueden ocurrir durante la convulsión. Al empezar a hacer efecto el anestésico se coloca una mascarilla de oxígeno sobre la boca para ayudar a respirar. Se pueden administrar otros medicamentos por vía intravenosa, dependiendo de otros trastornos de salud que puedan existir. Se colocan manguitos de presión arterial alrededor de un brazo y de un tobillo.

Con el paciente dormido por la anestesia y los músculos relajados, el médico presiona un botón del aparato de TEC. Esto hace que pase una pequeña corriente eléctrica a través de los electrodos al cerebro, produciendo una convulsión que generalmente dura 30 a 60 segundos. Debido a la anestesia y al relajante muscular, el paciente continúa relajado y sin tener conciencia de la convulsión. La única indicación exterior de que se está presentando una convulsión puede ser un movimiento rítmico de un pie o de una mano. Cuando se coloca el manguito de presión arterial alrededor de un tobillo o de un brazo y se infla, se evita que el relajante muscular paralice temporalmente los músculos del pie o de la mano. El pie o la mano se sacuden durante una convulsión, ayudando a confirmar que ha ocurrido una convulsión.

Durante la convulsión, la frecuencia cardíaca, la presión arterial y el uso de oxígeno se vigilan cuidadosamente. Un electroencefalograma (EEG) registra la actividad cerebral en forma parecida a un electrocardiograma (ECG) que registra la actividad cardíaca. El aumento súbito de señales de actividad indica el inicio de una convulsión y el regreso al nivel del trazo EEG indica que la convulsión ha terminado. Unos cuantos minutos después, los efectos de la anestesia y del relajante muscular empiezan a desaparecer y el paciente es llevado a la sala de recuperación en donde una enfermera lo vigila. Al despertar puede presentar un periodo de confusión que dura de unos minutos a unas horas o más.

TEC y función cerebral

Nadie sabe con certeza la forma en que la TEC ayuda a tratar la depresión. Sin embargo, se sabe que muchos aspectos químicos del funcionamiento del cerebro se alteran durante y después de la actividad convulsivante. Los investigadores piensan que cuando se administra TEC en forma regular, estos cambios químicos se acumulan, disminuyendo en alguna forma la depresión.

TEC: Una vista por dentro

Una sesión de terapia electroconvulsivante (TEC) dura generalmente entre una y dos horas desde el momento en que llega para el procedimiento hasta que regresa a casa o a su cuarto en el hospital. Para ayudarlo a visualizar la forma en que se lleva a cabo el tratamiento, presentamos aquí fotografías de una persona que recibe TEC en la Clínica Mayo

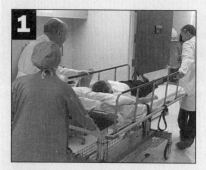

Después de reunirse con el personal de atención de la salud, que se asegura que está listo para el tratamiento, se acuesta en una camilla y es llevado a la sala en donde se practica el procedimiento.

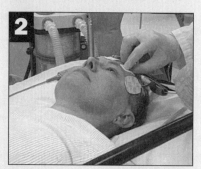

Una vez en la sala, un médico coloca en su cabeza pequeños electrodos conectados a alambres. Los electrodos están conectados al aparato de TEC. El médico coloca también otros electrodos en la cabeza que monitorizan la actividad cerebral.

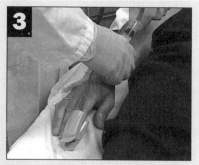

Se le administran dos tipos de medicamentos —un anestésico y un relajante muscular —a través de una línea intravenosa (IV) localizada en la parte inferior del brazo.

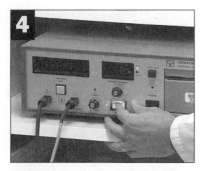

Cuando los electrodos están colocados y los medicamentos han surtido efecto, un médico presiona un botón en el aparato de TEC, haciendo que pase una cantidad pequeña y precisa de corriente eléctrica del aparato a través de los electrodos y al cerebro.

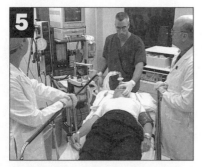

La corriente eléctrica produce una convulsión cerebral que generalmente dura de 30 a 60 segundos. Durante la convulsión, el personal médico vigila sus signos vitales.

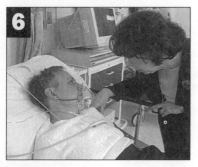

Una vez que ha terminado la convulsión, el procedimiento finaliza. Se retiran los electrodos y es llevado a un área de recuperación en donde una enfermera lo vigila hasta que despierta.

Cuando se siente lo suficientemente bien, un familiar o un amigo pueden llevarlo a casa o puede regresar a su cuarto del hospital. Una enfermera le explica las precauciones que debe tomar hasta que desaparezcan los efectos de los medicamentos.

La mayoría de la gente recibe 6 a 12 sesiones en varias semanas. Generalmente se aplica una sesión dos o tres veces por semana. Una vez que los síntomas mejoran, se necesita alguna forma de tratamiento para evitar una recaída de la depresión. Puede recibir un antidepresivo después de los tratamientos de TEC o puede seguir recibiendo TEC con menor frecuencia, llamada TEC de mantenimiento. En la TEC de mantenimiento, las sesiones pueden reducirse a una vez por semana, después cada dos semanas y gradualmente disminuyen a una vez al mes durante varios meses. Algunas personas reciben TEC periódicamente durante un año o más.

La TEC es eficaz aproximadamente en 80% de la gente que completa el curso de tratamiento. Sus efectos no son a menudo inmediatos, pero la TEC generalmente funciona más rápidamente que los medicamentos. Mucha gente empieza a notar mejoría de sus síntomas después de dos o tres tratamientos y generalmente está satisfecha con los resultados.

¿Es usted candidato?

El médico puede recomendar TEC para tratar la depresión si:

Necesita tratamiento inmediatamente para síntomas graves. Tal vez los síntomas son lo suficientemente graves que el médico tiene preocupación de que pueda usted intentar suicidarse. En algunos casos de depresión severa, la gente rechaza el alimento y los líquidos hasta el punto en que su salud se encuentra en un gran riesgo. Ocasionalmente, individuos con depresión

'Está funcionando bastante bien'

Los tratamientos que usaban para tratar mi depresión no estaban funcionando — principalmente los medicamentos y la terapia. Por lo tanto, me recomendaron TEC. Empezaron aplicándome tratamientos un día si y otro no. Así, recibía yo tres tratamientos por semana: lunes, miércoles y viernes. No me sentí mucho mejor al principio. Luego —probablemente después de la primera semana o semana y media— empecé a experimentar una agradable recuperación. Lo primero que noté fue que empecé a dormir toda la noche de nuevo, lo cual era agradable porque tenía el sueño tan desbaratado cuando estaba deprimida. Luego empecé a recuperar mi energía y ese tipo de cosas. He estado en terapia de mantenimiento con TEC, y recibo un tratamiento cada 15 días y está funcionando bastante bien.

Joanne
Rochester, Minnesota

severa presentan ilusiones o alucinaciones que causan una gran inquietud y riesgo de lastimarse o de lastimar a otra persona. En estas situaciones, no hay tiempo para esperar a que los antidepresivos tengan efecto.

No mejora con otros tratamientos. Cuando ha intentado psicoterapia y por lo menos dos antidepresivos sin resultado, la TEC es a menudo la mejor siguiente opción.

No puede tolerar los efectos secundarios de los medicamentos antidepresivos. Algunas personas son sumamente sensibles a los antidepresivos y presentan efectos secundarios significativos incluso con las dosis más bajas posibles.

No respondió bien a otros tratamientos en la depresión anterior. No tiene sentido intentar el tratamiento que usted sabe que no funciona.

Ha tenido éxito con la TEC en el pasado. Es lógico recibir lo que funciona.

Antes del tratamiento

Igual que con cualquier procedimiento en el que se utiliza anestesia, antes de su primer tratamiento necesita una evaluación médica para tener seguridad que no tiene un problema de salud que pueda impedir que reciba anestesia o el tratamiento. Una evaluación generalmente incluye:

- Una historia médica
- Una exploración física
- Análisis de sangre básicos
- Un ECG en busca de enfermedad cardíaca

Antes de recibir TEC necesita proporcionar su consentimiento informado. Consentimiento informado significa que le han explicado y comprende los beneficios y riesgos del procedimiento y que autoriza al personal de salud a que le administre el procedimiento. Puede retirar su consentimiento en cualquier etapa del tratamiento. Si no es capaz de proporcionar el consentimiento, el médico debe seguir las leyes estatales y locales que indican en qué circunstancias puede recibir TEC. Se debe obtener alguna forma de consentimiento sustituido, a menudo de un familiar o del guardián legal. Sin embargo, las reglamentaciones varían mucho entre los diferentes países.

Los pros y los contras

El beneficio principal de la TEC es que a menudo es eficaz para la depresión cuando otros tratamientos no funcionan. Tiende también a funcionar más rápidamente que los medicamentos o la psicoterapia. Sin embargo, la TEC puede tener efectos secundarios. Los principales efectos secundarios son:

Alteración de la memoria. Inmediatamente después de la TEC puede presentar un periodo de confusión. Puede no saber en dónde está o por qué está ahí. Esto generalmente dura unos minutos a unas horas y a menudo se prolonga con cada tratamiento. Ocasionalmente la confusión puede durar varios días. Después de terminar el curso de tratamiento, la confusión desaparece.

Nuevos recuerdos que se forman durante el curso del tratamiento pueden perderse también. Por ejemplo, puede tener dificultar para recordar las conversaciones con los demás durante este periodo. Este tipo de pérdida de memoria debe desaparecer también después que se suspenden los tratamientos.

El tipo final de alteración de la memoria causado por la TEC se relaciona con la memoria a largo plazo. Con mayor frecuencia la TEC afecta recuerdos formados inmediatamente antes o durante el curso de su tratamiento. En algunos casos raros, sin embargo, la gente tiene dificultad para recordar eventos de la vida que sucedieron hace varios años. Algunas veces estos

'Lo considero una forma de equilibrio'

Durante los tratamientos, nunca olvidé quién soy, en dónde vivo, cuántos años tengo, mis hijos — todas esas cosas. Nunca olvidé lo que hago en el trabajo. La pérdida de la memoria tiene que ver más con incidentes de no recordar viajes que pude haber hecho. Por ejemplo, uno de mis hijos podría llamar y decirme, ¿Recuerdas cuando fuimos a visitarte en la Pascua? y no me acuerdo.

Cuando estoy deprimida no puedo funcionar ni trabajar. No puedo disfrutar la vida, me despoja de mi ser, la TEC me lo regresa porque estoy sana y estoy bien. Tengo lo que considero un efecto leve —que es el problema de la memoria— especialmente con el tratamiento de mantenimiento. Y creo que vale la pena. Lo considero como un tipo de equilibrio. Si hago un balance de los dos lados, no me importa el efecto secundario de la pérdida de memoria porque estoy bien y puedo funcionar de nuevo, y he recuperado mi vida.

Joanne
Rochester, Minnesota

recuerdos de largo plazo regresan después de terminar la TEC. Otras veces quedan olvidados permanentemente.

Complicaciones médicas. Igual que con cualquier tipo de procedimiento médico, especialmente si se utiliza anestesia, hay riesgo de complicaciones médicas. La evaluación médica antes de la TEC ayuda a identificar trastornos médicos que lo ponen en mayor riesgo de complicaciones, permitiendo a los médicos que tomen precauciones especiales para disminuir esos riesgos.

Molestias en el cuerpo. El día que recibe la TEC, puede presentar náusea, dolor de cabeza, dolores musculares o dolor en la mandíbula. No son frecuentes y pueden tratarse fácilmente con medicamentos. Pueden ser inquietantes, pero no son serias.

Recaída. Sin alguna forma de tratamiento después de un curso exitoso de TEC, 90% de la gente tiene una recaída de la depresión en el siguiente año. Para disminuir el riesgo de recaída, es importante recibir tratamiento con un antidepresivo o TEC de mantenimiento.

Terapia de luz

La gente que tiene el trastorno afectivo estacional (TAE) presenta depresión durante la época del año en que hay más oscuridad, cuando la luz del sol está limitada. Los síntomas pueden incluir sensaciones de tristeza, pérdida de energía y dificultad para dormir. Al hacerse gradualmente los días más largos y la luz del sol más abundante, estos síntomas desaparecen. Un tratamiento común para este tipo de depresión es la terapia de luz, o fototerapia. La terapia de luz ha sido utilizada desde principios de la década de 1980 y tiene muchos beneficios. Es fácil de administrar, generalmente no tiene efectos secundarios mayores y tiene un costo-beneficio positivo.

Encender la luz

La terapia de luz consiste en la exposición a luz intensa en condiciones específicas. El sistema de luz que se utiliza con mayor frecuencia es una caja que usted coloca en una mesa o escritorio. La caja contiene un conjunto de lámparas fluorescentes con una pantalla. La pantalla ayuda a bloquear los rayos ultravioleta, que pueden producir cataratas y problemas en la piel.

El tratamiento implica sentarse cerca de la caja de luz con las luces encendidas y los ojos abiertos. No debe mirar directamente la luz, pero debe tener la cabeza y el cuerpo en tal forma que la luz pueda entrar en los ojos. Se sienta usted cerca de la caja de luz de 15 minutos a dos horas una vez al día, generalmente en la mañana. Los estudios que comparan el uso de la terapia de luz en la mañana con la terapia de luz en la noche encontraron que la exposición a la luz brillante en la mañana es generalmente más eficaz pero, dependiendo de las necesidades y del sistema de luz que tiene, el tratamiento puede dividirse en sesiones separadas. Mucha gente lee, escribe o desayuna mientras recibe la terapia de luz.

Los investigadores piensan que cuando la luz brillante entra en los ojos, no sólo alerta el área del cerebro que regula el reloj biológico diario sino que produce otros efectos psicológicos positivos. Los estudios muestran que los niveles de la hormona melatonina en la sangre disminuyen cuando los ojos están expuestos a la luz brillante. La melatonina se produce durante la oscuridad y ayuda a controlar los ritmos internos (circadianos) del cuerpo de temperatura corporal, secreción de hormonas y sueño. Dependiendo de la hora en que recibe la terapia de luz, el reloj interno corporal se adelanta o se atrasa.

Los investigadores especulan también que la terapia de luz puede tener efectos antidepresivos en la gente con TAE, produciendo cambios en la actividad de la neurotransmisión en ciertas áreas del cerebro. Los científicos están estudiando los efectos de la luz brillante sobre la producción de los neurotransmisores serotonina y dopamina.

La idea de utilizar luz para tratar la depresión se originó en la investigación del comportamiento animal y la forma en que se afecta por las estaciones. Los cambios en los patrones de sueño, comida y comportamiento parecen estar finamente regulados en cada especie con la duración del día en cualquier lugar que vivan.

La fototerapia para el TAE implica sentarse cerca de una luz brillante durante un periodo específico todos los días. No debe mirar la luz, pero debe permitir que la luz entre en los ojos.

No cualquier luz

Sentarse simplemente enfrente de una luz en su casa no alivia los síntomas de TAE. La luz interior no proporciona el tipo y la intensidad de luz necesarios para tratar el trastorno. Las cajas de luz especiales que se utilizan en la TAE proporcionan luz comparable a la luz exterior inmediatamente después de la salida del sol o inmediatamente antes de la puesta del sol — una intensidad por lo menos cinco veces mayor que la luz interior ordinaria. El nivel de intensidad de luz que se recomienda para la terapia del TAE es a menudo entre 2,500 y 10,000 luz (una medida de luz).

Los aparatos de luz utilizados en la terapia están disponibles comercialmente, pero pida la opinión del médico antes de comprar una de estas unidades y use el aparato únicamente bajo supervisión del médico para evitar complicaciones. La terapia de luz requiere ser vigilada por un profesional para tener el mejor resultado clínico con los menores efectos secundarios. Es posible también que el tratamiento no funcione y que los síntomas del TAE puedan agravarse.

Un tratamiento eficaz

La terapia de luz mejora los síntomas aproximadamente en tres de cada cuatro personas con TAE. Muchas veces la gente empieza a sentirse mejor en cuatro o cinco días. La mayoría de la gente sigue un horario diario consistente de terapia de luz, empezando en el otoño o invierno en las latitudes del norte y continuando hasta la primavera cuando la luz exterior es suficiente para mantener un buen estado de ánimo y una alta energía. Si el tratamiento de luz se interrumpe durante los meses de invierno o se suspende demasiado pronto, la gente con TAE presenta a menudo un regreso de los síntomas depresivos, a menudo en menos de una semana.

Los efectos secundarios son raros y tienden a ocurrir si usa la terapia de luz en la noche. Algunas personas presentan irritabilidad, cansancio en los ojos, dolor de cabeza o insomnio. Generalmente estos problemas pueden manejarse cambiando la hora o la duración del tratamiento.

En algunos casos se puede combinar un medicamento antidepresivo con la terapia de luz. En los casos en que la terapia de luz no es eficaz, un antidepresivo es a menudo la siguiente línea de tratamiento. Los antidepresivos se prescriben también en gente con TAE que no quieren reservar 15 minutos o más diariamente para la terapia de luz. Los antidepresivos generalmente son eficaces, pero pueden causar más efectos secundarios.

Posibles futuros tratamientos: EMT y ENV

Los investigadores siguen estudiando nuevos tratamientos para la depresión. Están buscando tratamientos que puedan ser más eficaces o tener menos efectos secundarios que los métodos actuales. A continuación mencionamos dos tratamientos que se están investigando.

Estimulación magnética transcraneana

En cierta forma la estimulación magnética transcraneana (EMT) es similar a la terapia electroconvulsivante. En la EMT, la corriente eléctrica pasa a través de una bobina localizada dentro de un dispositivo manual. La corriente eléctrica crea un pulso magnético intenso que pasa a través del cuero cabelludo y del cráneo cuando el dispositivo se mantiene sobre la cabeza. El pulso magnético estimula las células nerviosas del cerebro.

El procedimiento generalmente tarda 20 a 30 minutos, tiempo en el cual se está despierto y alerta. A diferencia de la TEC, la EMT no requiere anestesia, el cerebro no recibe una estimulación eléctrica directa y el procedimiento no produce intencionalmente una convulsión. Sin embargo, ocasionalmente puede ocurrir una convulsión. Otro beneficio de la EMT es que no produce dificultades en el pensamiento o la memoria.

La mayoría de los estudios, aunque no todos, indican que la estimulación magnética cerebral una vez al día durante dos semanas o más puede aliviar síntomas depresivos en personas que no han respondido a otras formas de tratamiento. La EMT es considerada todavía como un tratamiento experimental, pero la evidencia relacionada con su

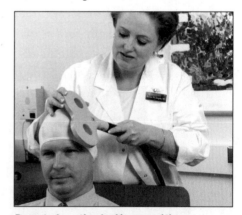

Durante la estimulación magnética transcraneana, se mantiene sobre el cuero cabelludo un dispositivo que emite un pulso magnético intenso. La energía magnética pasa a través del cráneo y estimula las células nerviosas del cerebro.

seguridad y eficacia ha sido favorable. La EMT no se recomienda para la gente con dispositivos de metal implantados, como un marcapaso, porque los pulsos magnéticos pueden interferir con la operación de los dispositivos.

Todavía deben contestarse muchas preguntas antes que la EMT se convierta en un tratamiento aceptado y ampliamente disponible para la depresión. Si la investigación produce resultados exitosos, es posible que en cinco o diez años la EMT pueda ser una forma común de tratamiento para la gente con depresión grave.

Estimulación del nervio vago

El nervio vago es un nervio importante que conecta el tallo cerebral con los órganos del tórax y abdomen — corazón, pulmones e intestinos. El nervio va del abdomen y tórax a través del cuello al tallo cerebral a través de un pequeño orificio en el cráneo. Es una vía importante por la cual viaja la información hacia y desde el sistema nervioso central.

La estimulación del nervio vago (ENV) requiere cirugía durante la cual se coloca permanentemente un pequeño generador eléctrico de pulso del tamaño de un reloj de bolsillo —algo así como un marcapaso—en el lado izquierdo superior del pecho. Alambres diminutos van por debajo de la piel hasta el cuello, en donde se envuelven alrededor del nervio vago. El generador está programado para aplicar pequeños pulsos eléctricos al nervio vago cada unos cuantos minutos.

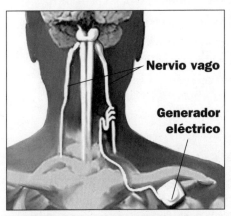

Nervio vago

Generador eléctrico

Un estimulador del nervio vago aplica pulsos eléctricos diminutos intermitentes al nervio vago. Actualmente se usa para tratar la epilepsia y está siendo estudiado para el tratamiento de la depresión.

La estimulación del nervio vago se desarrolló originalmente para tratar a individuos con epilepsia que seguían teniendo convulsiones a pesar del uso de medicamentos. Los investigadores empezaron estudiando su uso para tratar la depresión después que notaron que la gente que recibía ENV para tratar el trastorno convulsivo presentaba una mejoría del estado de ánimo. Igual que con muchos otros tratamientos, nadie sabe con certeza por qué la estimulación del nervio vago mejora la depresión.

¿Qué hay respecto a la acupuntura?

La acupuntura no es una nueva forma de tratamiento médico. De hecho, es una de las más antiguas, practicada primero por los antiguos curanderos chinos. Sin embargo, es uno de los pocos métodos alternativos de cuidados médicos que ha sido estudiado considerablemente. Los estudios han comparado el tratamiento con acupuntura con los antidepresivos y han encontrado que la acupuntura puede ser beneficiosa.

La acupuntura se origina en la creencia de los chinos que debajo de la piel se encuentran 14 vías invisibles, llamadas meridianos. A través de estas vías fluye Qi, la palabra china para fuerza vital. Cuando el flujo Qi se interrumpe, el resultado es la enfermedad. Un acupunturista aplica presión sobre puntos específicos del cuerpo para restablecer el flujo libre de Qi y aliviar los síntomas. Durante una sesión típica de acupuntura, el que la practica inserta pequeñas agujas delgadas como cabellos en la piel, que causan poco o ningún dolor. Las agujas se dejan en su sitio 15 a 40 minutos. También puede aplicarse estimulación eléctrica a las agujas en una forma de tratamiento llamada electroacupuntura.

En un estudio de 241 pacientes con depresión hospitalizados, los investigadores de la Universidad Médica de Beijing en China dividieron a los pacientes en dos grupos. Un grupo recibió electroacupuntura y el otro recibió un antidepresivo. La acupuntura funcionó igual que el medicamento y con menos efectos secundarios.

Aunque la acupuntura está ganando más aceptación como un tratamiento legítimo de algunos trastornos médicos, la mayoría de los médicos no están listos todavía para aceptarlo como tratamiento primario para la depresión.

En un estudio inicial, 40% de la gente que presentaba depresión y que recibió ENV mejoró. Se están practicando otros estudios para ayudar a determinar la seguridad y eficacia del procedimiento. Sólo después que se completen los estudios sabrán los médicos si la ENV es un tratamiento prometedor para la depresión.

Capítulo 10

Estrategias de autoayuda

El tratamiento profesional puede controlar la depresión y ayudarlo a sentirse mejor, pero tiene que enfrentar todavía la vida diaria. La vida presenta inevitablemente retos y frustraciones. Más allá de la ayuda que obtiene de un profesional de salud mental, le corresponde a usted buscar las formas para incrementar su bienestar general. Hay ciertas cosas que puede hacer para enfrentar los retos de la vida al mismo tiempo que lucha con la depresión, para experimentar una mayor alegría y placer en la vida.

Las estrategias de este capítulo están basadas en la importancia de tener cuidado de todo su ser — cuerpo, mente y espíritu. Adoptando estos hábitos saludables puede ayudar a recuperarse de la depresión y reducir el riesgo de una recaída. Si no ha presentado depresión pero se encuentra en riesgo, puede ayudar a impedirla.

Cómo pasar los tiempos difíciles

El tratamiento para la depresión no produce generalmente resultados inmediatos, se sentirá mejor, pero se requiere tiempo. Aquí están algunas sugerencias para ayudarlo en esas semanas iniciales hasta que la depresión empieza a disminuir:

No se culpe a sí mismo. La depresión es una enfermedad —usted no la creó ni la escogió. Lo importante es que reconoce que necesita ayuda y que ha iniciado el camino de la recuperación.

Siga cuidadosamente el plan de tratamiento. Tome los medicamentos como se le prescribieron y vea al médico regularmente. El médico puede vigilar el progreso, proporcionarle ayuda y ánimo y ajustar el medicamento si es necesario.

Trate de no desanimarse. Puede requerirse tiempo antes de que vuelva a sentirse normal. Siga diciéndose a sí mismo que mejorará.

Evite tomar decisiones importantes de la vida. Antes de decidirse a involucrarse en una transición significativa, como un cambio de carrera o un divorcio, espere hasta que haya desaparecido la depresión y confíe en su capacidad para tomar decisiones. No permita que las decisiones que cambian la vida estén influenciadas por los pensamientos negativos asociados a la depresión.

Simplifique su vida. No espere hacer todo lo que hacía antes. Deje algunas cosas si las encuentra demasiado difíciles. Fije objetivos reales y un horario razonable. Encuentre el equilibrio adecuado entre hacer demasiado poco o demasiado. Si hace demasiado y demasiado pronto, puede sentirse abrumado y frustrarse.

Involúcrese. Tome parte en las actividades que lo hacen sentirse bien o en las que ha logrado algo. Incluso al principio, puede llegar únicamente a un evento y no participar, ya es un paso en la dirección correcta.

Reconozca los pequeños pasos. Sienta la satisfacción incluso de las pequeñas mejorías en los síntomas. Una vez que el tratamiento empiece a funcionar tendrá más energía, empezará a sentirse usted mismo de nuevo y podrá reanudar algunas de sus actividades normales.

Al irse recuperando, intente algunas de las medidas descritas en el resto de este capítulo. Incluso si no puede hacer lo que se sugiere aquí, puede incorporar algunas de estas estrategias en su rutina diaria. Haga lo que pueda y ponga atención a lo que lo hace sentirse bien.

Prescripción para una vida saludable

Independientemente de la enfermedad, sea depresión o algún otro trastorno, es importante que considere todo el cuadro. Sentirse bien y seguir así implica algo más que tratar la enfermedad. La buena salud incluye también tener cuidado del bienestar general.

Las estrategias para una vida saludable son importantes para todos. Si ha estado enfermo, son especialmente importantes. Comer bien y hacer suficiente ejercicio pueden ayudarlo a volver a acumular fuerza y energía. Tener cuidado de sus necesidades emocionales y espirituales puede ayudarlo a reducir el estrés y otros factores que pueden interferir con una recuperación completa.

Simplemente adoptando un estilo de vida más saludable no curará la depresión. Para tratar la depresión, necesita ver a un profesional de salud mental. Pero una vez que empiece a sentirse como antes, cuidar la salud en general puede ayudarlo a seguir bien.

Cómo cuidar la salud física

Los pilares de una buena salud física son el ejercicio regular, una dieta nutritiva y sueño adecuado. Estos hábitos saludables son importantes, esté deprimido o no.

Manténgase activo

El ejercicio es una forma eficaz de combatir la depresión. Psicólogos de la Universidad de Duke asignaron en forma aleatoria a 156 adultos mayores con depresión mayor leve a moderada a uno de tres tratamientos: ejercicio en grupo tres veces por semana durante 45 minutos, medicamentos antidepresivos o una combinación de ambos. Después de cuatro meses, los investigadores encontraron que los que hicieron ejercicio tuvieron la misma mejoría que los que tomaron antidepresivos y los que recibieron ambos tratamientos. Los investigadores siguieron luego a 83 de los participantes otros seis meses y encontraron que los individuos que continuaron haciendo ejercicio regularmente tuvieron menos probabilidad de presentar depresión recurrente en comparación con los otros dos grupos.

Otro estudio encontró que las personas deprimidas que caminan, corren o participan en otras formas de ejercicio durante 20 a 60 minutos tres veces por semana durante cinco semanas presentan mejoría notoria en la salud mental. Es más, los beneficios duraron hasta un año.

Una forma en que el ejercicio combate la depresión es estimulando la producción de endorfinas, sustancias químicas del cerebro que producen sentimientos de satisfacción y bienestar. Esto es lo que frecuentemente se refiere como bríos de los corredores. El ejercicio proporciona también muchos otros beneficios:

Cómo mantenerse motivado

Mucha gente encuentra difícil mantenerse en un programa de ejercicio. Aquí están algunas sugerencias para ayudarle a seguir con el ejercicio y hacerlo parte de la rutina diaria:

Hágalo divertido. Para evitar el aburrimiento, seleccione actividades que disfruta y varíe lo que hace. Por ejemplo, alterne caminar y montar en bicicleta con natación o una clase de ejercicio aeróbico.

Establezca objetivos. Empiece con objetivos simples y progrese luego a objetivos de largo plazo. La gente que puede permanecer físicamente activa durante seis meses termina generalmente haciendo de la actividad regular parte de la rutina diaria. Recuerde fijar objetivos reales y alcanzables. Es fácil frustrarse y rendirse si los objetivos son demasiado ambiciosos.

Sea flexible. Si viaja o tiene un día especialmente ocupado, está bien adaptar el ejercicio a su horario. Si está enfermo o lesionado, deje el ejercicio por un tiempo.

Pase tiempo con otros que son físicamente activos. La actividad física es una gran forma de construir una red social de apoyo. Vaya de excursión o a remar con un amigo. Únase a una liga de softball o golf. Tome clases de ejercicios aeróbicos o danza en grupo. Tener compañeros de ejercicio ayuda a permanecer físicamente activo.

Recompénsese a usted mismo. Después de cada sesión, tome unos minutos para sentarse y relajarse. Saboree los sentimientos agradables que el ejercicio le proporciona y piense en lo que ha logrado. Las recompensas externas pueden también mantenerlo motivado. Cuando alcance uno de sus objetivos, dése un gusto.

- Mejora la salud cardiovascular, reduciendo el riesgo de enfermedad cardíaca. Esto es importante porque los estudios sugieren que la gente deprimida puede tener riesgo aumentado de enfermedad cardíaca.
- Proporciona más energía y mejora el sueño y el apetito.
- Favorece un peso saludable.
- Incrementa la masa ósea, reduciendo el riesgo de adelgazamiento de los huesos y osteoporosis.
- Reduce la irritabilidad y el enojo, y produce sentimientos de dominio y logro.

Tanto los ejercicios aeróbicos como no aeróbicos son beneficiosos. Las actividades aeróbicas implican una demanda extra sobre el corazón, pulmones y músculos, aumentando la necesidad de oxígeno e incrementando la frecuencia cardíaca y presión arterial. Caminar es una de las formas más convenientes de ejercicio aeróbico. Es fácil y de bajo costo. Otros ejercicios aeróbicos incluyen montar en bicicleta, esquiar, tenis, baile, trote, natación y ejercicios aeróbicos acuáticos. Las formas no aeróbicas de ejercicio incluyen entrenamiento de fuerza (levantamiento de pesas) y ejercicios de flexibilidad, como estiramiento y yoga.

Pregunte al médico si deben practicarle un examen físico antes de empezar el ejercicio. Al comenzar, empiece despacio y aumente gradualmente el tiempo y el nivel de ejercicio. Trate de llegar a 20 a 40 minutos de actividad moderadamente intensa la mayoría de los días de la semana.

Coma bien

Tanto el cuerpo como el cerebro necesitan una buena nutrición para funcionar eficientemente. Una dieta saludable puede hacerlo sentir mejor en muchos niveles. Consumir alimentos variados ayuda a asegurar que recibe la mezcla adecuada de nutrientes. Los expertos están de acuerdo en que la mejor forma de aumentar los nutrientes en la dieta y limitar la grasa y las calorías es comer más alimentos basados en plantas. Los alimentos de plantas contienen vitaminas, minerales, fibra y compuestos que aumentan la salud llamados fitoquímicos.

Para una buena salud y éxito para mantener un peso saludable, aquí están los tipos y cantidades de alimentos que debe comer cada día. Las recomendaciones se basan en la Pirámide del Peso Saludable de la Clínica Mayo, una guía para comer saludablemente.

Verduras: Raciones ilimitadas. Las verduras son naturalmente bajas en calorías y contienen poca o ninguna grasa. Las verduras frescas son mejores.

Frutas: Raciones ilimitadas. La fruta es generalmente baja en calorías y contiene poca o ninguna grasa. La fruta fresca es siempre mejor y es un bocadillo excelente.

Carbohidratos: 4 a 8 raciones. Los carbohidratos incluyen

Dulces
Hasta 75 calorías al día

Grasas
3 a 5 raciones

Proteínas/Lácteos
3 a 7 raciones

Carbohidratos
4 a 8 raciones

Frutas
ilimitadas (mínimo 3)

Verduras
ilimitadas (mínimo 4)

Pirámide de Peso Saludable de la Clínica Mayo

© Mayo Foundation for Medical Education and Research.
Consulte a su médico antes de iniciar cualquier plan de peso saludable

cereales, pan, arroz y pasta, y verduras con almidones, como maíz y papas. Algunos alimentos ricos en carbohidratos son también ricos en grasas y calorías, pero la mayoría de cereales simples, pan y pasta son bajos en grasas y calorías. Junto con las verduras y las frutas, los carbohidratos deben formar la base de la alimentación diaria.

Alimentos y estado de ánimo

Para mucha gente, comer es una forma de suprimir o disminuir las emociones negativas, como enojo, ansiedad o soledad. Para escapar de la alimentación y bebida emocional:

Identifique los factores precipitantes. Escriba durante varios días lo que come y la hora en que come, cómo se siente y cuánta hambre tiene. Después de un tiempo puede ver que surgen patrones no saludables, como tomar un helado para calmarse cuando tiene una discusión con su hermana.

Busque el bienestar en otras partes. Cuando tiene un deseo intenso de dulces o bocadillos después de un día estresante, camine, llame a un amigo o vaya al cine.

Mantenga los alimentos altos en grasas y calorías fuera de la casa. Compre únicamente lo necesario de estos artículos para satisfacer un deseo ocasional. No compre cuando tenga hambre o se sienta triste.

Bocadillos inteligentes. Cuando sienta la urgencia de comer entre alimentos, limite la cantidad de lo que come y seleccione alimentos bajos en grasas y calorías, como frutas frescas, *pretzels* y palomitas de maíz sin mantequilla.

Limite la cafeína y el azúcar. Algunas personas con depresión se sienten mejor si disminuyen o limitan la cafeína y el azúcar en la alimentación. La cafeína puede causar síntomas de ansiedad y alterar el sueño. El azúcar puede proporcionar energía temporal, pero después puede hacer que se sienta cansado y letárgico.

Limite el alcohol. Puede estar tentado de tomar unas cuantas bebidas alcohólicas, especialmente si ha tenido un día difícil o se siente tenso. Pero esto puede causar problemas porque el alcohol tiene un efecto deprimente. Si toma alcohol, hágalo con moderación.

Si está tomando medicamentos o tiene historia familiar de dependencia química, podría ser mejor evitar el alcohol. Hable con el médico respecto a qué es lo mejor en su situación.

Proteínas/lácteos: 3 a 7 raciones. Las proteínas se encuentran en diversos alimentos, incluyendo leche, yogur, queso, huevo, carne, pescado y legumbres (frijoles, chícharos y lentejas). Trate de seleccionar variedades de proteínas libres de grasa o bajas en grasa.

Grasas: 3 a 5 raciones. El cuerpo necesita una pequeña cantidad de grasa para ayudarlo a funcionar, pero la mayoría de la gente consume mucha más grasa de la que necesita. Una forma sencilla de reducir la grasa en la alimentación es disminuir la cantidad de aceite, mantequilla y margarina que agrega al alimento cuando lo prepara.

Dulces: Hasta 75 calorías al día. Los dulces y postres contienen considerables calorías, pueden ser altos en grasa y ofrecen poco en cuanto a nutrición. No tiene que abandonar los dulces completamente para comer de manera saludable, pero que sus selecciones y el tamaño de las porciones sean inteligentes.

Sueño adecuado

El sueño refresca. Mejora la actitud y le proporciona energía para la actividad física y enfrentar el estrés. También refuerza el sistema inmune, reduciendo el riesgo de enfermedad.

Si toma medicamento y tiene dificultad para dormir, hable con el médico o terapeuta. Los antidepresivos pueden afectar el sueño en diferentes formas. Puede necesitar cambiar o agregar algún medicamento. Además, intente estas sugerencias:

Establezca horas regulares de sueño. Acuéstese y levántese a la misma hora todos los días, incluyendo los fines de semana. Seguir un patrón regular mejora a menudo el sueño.

Relájese antes de acostarse. Puede practicar técnicas de relajación (vea "Practicando técnicas de relajación" en la página 123), tome un baño caliente, vea televisión o escuche música calmante.

Adopte rituales para acostarse. Una rutina regular en la noche avisa a su cuerpo que es hora de dormir. Puede leer un tiempo o tomar un bocadillo ligero.

Limite el tiempo en la cama. Demasiado tiempo para dormir favorece un sueño superficial que no descansa. Trate de dormir ocho horas. Algunas personas necesitan menos, otras más. No se quede en la cama más de nueve horas.

No "trate" de dormirse. Mientras más trate de dormirse, más despierto estará. Lea o vea televisión hasta que tenga sueño y se duerma naturalmente.

Encuentre una adicción mejor

He tenido mucho sobrepeso toda mi vida. De niño comía para tratar y ocultar mi depresión. Como más cuando estoy deprimido.

Cuando tenía 36 años, bajé 100 kg (200 libras) y me mantuve así unos años. Recuerdo que el día que dije que nada era más importante para mí que bajar de peso, que para mí era un símbolo de abrazar la vida, se volvió conscientemente en mi prioridad número 1. Sabía que no podía hacerlo solo. Desarrollé un plan: Weight Watchers, ejercicio, Comedores Compulsivos y terapia.

El ejercicio, para mí, era un misterio. No podía creer lo bien que me podía sentir ¡Estas endorfinas son potentes! Iba al gimnasio cinco veces a la semana una a dos horas diarias. Cuando está dejando alguna adicción en la vida, algunas veces necesita al principio reemplazarla con otra adicción más saludable.

Recuerdo también estar consciente de lo mucho que aumentaba mi depresión si comía mal. Me aturdía a mi mismo con azúcar o carbohidratos o grasa. Comedores Compulsvos me ayudó mucho. Algunos me ayudaron a encontrar un "poder superior" o algo en qué creer fuera de mí mismo y a compartir los sentimientos con la comunidad de personas.

Larry
Englewood, New Jersey

Si despierta en la noche, lea o vea televisión y apague la luz o la televisión cuando sienta sueño de nuevo. No se levante de la cama si es posible.

Limite las actividades en la recámara. Deje la recámara para dormir y tener relaciones sexuales. No lleve trabajo a la recámara.

Evite o limite la cafeína, el alcohol y la nicotina. La cafeína y la nicotina no dejan que se duerma. El alcohol produce un sueño intranquilo y despertares frecuentes.

Minimice las interrupciones. Cierre la puerta de la recámara o cree un sonido sutil de fondo, como un ventilador, para ahogar otros ruidos. Mantenga la temperatura de la recámara agradable —la temperatura fresca ayuda a inducir el sueño. Tome menos líquidos antes de acostarse para que no tenga que levantarse en la noche al baño.

Manténgase activo. La actividad física regular lo ayuda a dormir más profundamente. Intente ejercicio cuatro o cinco horas antes de acostarse. Hacer ejercicio muy cerca de la hora de dormir puede mantenerlo despierto.

Cómo incrementar la salud emocional

La depresión no sólo es un asunto de sustancias químicas cerebrales y niveles hormonales. Afecta las emociones, pensamientos, creencias y actitudes. Incluso después que se ha recuperado de un episodio de depresión, tiene todavía emociones difíciles y dolorosas de vez en cuando, incluyendo sentimientos de enojo y tristeza. Aprender formas saludables para manejar los sentimientos y creencias puede ayudarlo a manejar el bienestar emocional.

Cómo manejar el enojo

Es natural sentir enojo de vez en cuando. Alguien se le atraviesa en el tráfico. Se atrasa en el trabajo. Un compañero es grosero con usted. Pero no es saludable permanecer enojado, reprimir el enojo o expresarlo con un arranque de cólera. El enojo mal manejado puede lastimarlo en varias formas. Los pasos siguientes pueden ayudarlo a manejar el enojo más positivamente:

Identifique lo que precipita el enojo. Si un amigo que lo visita habitualmente se las arregla para hacerlo enojar, saberlo anticipadamente puede ayudarlo a prepararse para la siguiente visita. Si se enoja cuando llega tarde a las citas, planee más tiempo para llegar.

Reconozca los signos del enojo que viene. ¿Qué hace cuando empieza a enojarse? ¿Contrae el cuello y los hombros? ¿Aprieta los dientes? ¿Habla más rápido o más fuerte? Vea estos síntomas como advertencias de que necesita calmarse.

Tome tiempo para calmarse. Cuando esté enojado, tome un tiempo fuera. Aléjese de la situación hasta que se calme. Cuente hasta 10, respire profundamente, mire a través de la ventana, repita lentamente una palabra o una frase calmante.

Escoja cómo responder a la situación. Tiene la elección de cómo responder a las situaciones. Con práctica, puede escoger expresar el enojo en formas apropiadas y no agresivas.

Encuentre válvulas de escape. Busque formas creativas para liberar la energía producida por el enojo, como escribir, escuchar música, bailar o pintar.

No estalle. Exprese su frustración calmadamente en lugar de atacar verbalmente a la persona. Por ejemplo, podría decir, ¡Me lastima lo que usted dijo", en lugar de, "¡Van 20 veces que me insulta hoy!".

Libere los 'pensamientos coléricos'. Note y libere los pensamientos irracionales que encienden el enojo. En lugar de decir, "Esto es terrible, todo se ha arruinado", diga, "Es frustrante, es comprensible que esté molesto, pero no es el fin del mundo".

Practique el perdón

El enojo puede ser alimentado por un resentimiento hacia alguien que lo lastimó. Los investigadores creen que albergar sentimientos de venganza hacia alguien coloca al cuerpo bajo estrés constante. Recurrir al enojo puede aumentar el riesgo de presión arterial elevada y enfermedad cardíaca, además de dañar la salud emocional.

¿Cómo olvida el enojo? Trate de perdonar. Un estudio de mujeres que sobrevivieron al incesto encontró que las que aprendieron a perdonar disminuyeron la ansiedad y depresión. Perdonar a alguien que lo ha lastimado puede ser una de las cosas más difíciles que haga. Perdonar no significa olvidar, negar, condonar o reconciliar. Más bien es una forma de evitar que los sentimientos negativos lo consuman.

El perdón implica cuatro fases. Primero, reconoce el dolor. Enseguida reconoce que algo tiene que cambiar si quiere sanar. Esto es seguido por la fase de trabajo, la parte realmente difícil; trata de encontrar una nueva forma de pensar respecto a la persona que lo lastimó. Finalmente, empieza a experimentar alivio emocional. Al disminuir el dolor, es capaz de seguir adelante.

Haga frente a las penas

Perder algo o perder a alguien importante es una experiencia desgarradora. No puede evitar las pérdidas —todos las enfrentamos— pero puede enfocar el dolor en formas que reducen el riesgo de desarrollar depresión por la pérdida. Para superar la aflicción:

Permítase sentir la pérdida. Reconózcala como grave. No trate de esconder sus sentimientos. Cuando sienta ahogarse, llore. Los hombres y mujeres fuertes también lloran.

Exprese sus sentimientos a otros. Hable con un familiar o con un amigo que lo apoyen, el médico o un consejero.

Pida ayuda. Sus amigos pueden querer ayudarlo pero no saben qué hacer. Dígales lo que necesita, si es un alimento, un paseo o un hombro para llorar.

Dése tiempo para sanar. El pesar es un proceso. Puede sentirse indiferente, vacío y perdido semanas o meses, pero eventualmente tendrá un sentimiento de dirección. Si la aflicción es seria o persiste durante un año, discuta sus sentimientos y síntomas con el médico.

Mantenga una perspectiva optimista

Todos hablamos en silencio con nosotros mismos, comentando cómo nos vemos y actuamos y reflexionamos sobre los problemas. Hablar con nosotros mismos es una corriente interminable de pensamientos que pasan por la mente todos los días. Estos pensamientos automáticos pueden ser positivos o negativos. La gente deprimida tiene mayor probabilidad de tener pensamientos negativos.

Con práctica puede aprender a identificar los pensamientos negativos y reemplazarlos por positivos. A través del día, deténgase y valore lo que está pensando y encuentre una forma de dar un giro positivo a sus pensamientos negativos. Con el tiempo, hablar con usted mismo se volverá automáticamente más positivo y racional. Estos consejos pueden ayudar:

- Darse cuenta que las situaciones malas a menudo son temporales. Como el tiempo lluvioso, muchas situaciones malas desaparecen con el tiempo.
- No se culpe siempre a usted mismo cuando algo sale mal. Si su esposa, su amigo o su jefe están de mal humor, no suponga que es por algo que hizo.
- Piense cómo puede mejorar una mala situación. Si un compañero critica su trabajo, pida retroinformación positiva sobre cómo hacerlo mejor.
- Antes de rendirse a los pensamientos negativos, pregúntese: "¿Estoy reaccionando en exceso?"

Empiece un diario

Escribir un diario puede ayudarlo a expresar dolor, enojo y temor, hacerlo más consciente de usted mismo y ayudarlo a poner las cosas en perspectiva. Los estudios sugieren también beneficios para la salud. Los expertos creen que escribir respecto a los sentimientos y eventos ayuda a aliviar el estrés.

Conserve su diario privado. Es más fácil escribir honestamente si sólo usted lo lee. En lugar de registrar los eventos diarios, céntrese en su sentimientos. Esto ayuda a disminuir la ansiedad, a soportar sentimientos dolorosos y le proporciona el mayor beneficio. Si experimenta una emoción intensa, positiva o negativa, escriba las circunstancias y los efectos de la experiencia. Debido a que enfrentar y expresar sus emociones puede aumentar brevemente la inquietud, es mejor no escribir en su diario a la hora de dormir.

Controle el estrés

Algunas personas son más resistentes al estrés que otras. Aunque confrontan el mismo estrés, parecen manejarlo con menos dificultad. Si se estresa fácilmente, ¿Sabe por qué? Algunas veces simplemente estar consciente de lo que causa su estrés puede hacer que sea más fácil manejarlo. El estrés puede estar relacionado con factores externos como el trabajo, la familia o eventos impredecibles. O puede tener su origen en factores internos, como el perfeccionismo o las expectativas irreales.

Pregúntese si puede hacer algo para disminuir o evitar sus fuentes de estrés. Puede controlar algunos estresores, otros no. Concéntrese en los estresores que puede cambiar. Para las situaciones que están más allá de su control, busque formas de permanecer calmado en esas circunstancias. Aquí están algunas sugerencias para limitar el estrés diario:

Planee su día. Podría empezar levantándose 15 minutos antes para disminuir el apresuramiento de la mañana. Mantenga un horario escrito de sus actividades diarias para evitar conflictos o prisas de última hora para llegar a una cita o actividad.

Simplifique su horario. Priorice, planee y vaya a su ritmo. Aprenda a delegar responsabilidades en otros. Diga no a responsabilidades o compromisos agregados si no puede hacerlos.

Organícese. Organice su casa y su espacio de trabajo para que sepa en dónde están las cosas y pueda encontrarlas fácilmente.

Cambie el ritmo. Deje su rutina de vez en cuando y explore un nuevo territorio sin horario. Tome vacaciones, incluso si es sólo un fin de semana.

Reconozca las señales de estrés. ¿Le está molestando la espalda? ¿Está perdiendo cosas o corriendo en exceso al conducir? Cuando ve signos tempranos de estrés, deténgase y diga "Estoy bajo estrés y necesito hacer algo al respecto".

Practique técnicas de relajación

La relajación ayuda a producir un estado físico y mental de calma opuesto a la respuesta de lucha o huida precipitada por el estrés. La relajación no sólo ayuda a aliviar el estrés sino que lo ayuda también a manejar las demandas diarias y permanecer alerta, productivo y energético. Muchas técnicas favorecen la relajación. Aquí están algunas para empezar.

Respirar profundamente. La mayoría de adultos respiran superficialmente con el pecho. La respiración profunda con el diafragma, el músculo que se encuentra entre el pecho y abdomen, es relajante. Siéntese cómodamente con los pies apoyados en el piso. Afloje las ropas apretadas alrededor del abdomen y cintura. Coloque las manos en el regazo o a los lados. Inhale lentamente —por la nariz si es posible— mientras cuenta hasta cuatro. Deje que el abdomen se expanda al inhalar. Haga una pausa durante un segundo y luego exhale a velocidad normal por la boca.

Relajación muscular progresiva. Esta técnica implica relajar una serie de músculos, uno a la vez, aumentando y luego disminuyendo la tensión en los músculos. Primero aumente el nivel de tensión en un grupo de músculos, como una pierna o un brazo, y relájelos luego. Concéntrese en dejar que se vaya la tensión de cada músculo. Luego pase al siguiente grupo muscular. Puede empezar con los dedos de los pies y los pies, por ejemplo, y seguir hacia arriba con las piernas, glúteos, espalda, abdomen, pecho, hombros, brazos, manos y así sucesivamente.

Meditación. La gente ha meditado durante siglos en muchas tradiciones religiosas y culturales. No hay una forma única correcta para meditar. La mayoría de formas implica sentarse tranquilamente durante 15 a 20 minutos mientras respira lenta y rítmicamente. Ayuda si alguien lo guía en su primeras sesiones de meditación. Los instructores de meditación o yoga y algunos terapeutas pueden enseñarlo. También hay cintas y discos compactos de meditación.

Imaginación guiada. También conocida como visualización, es un método de relajación que implica sentarse o acostarse tranquilamente y verse a usted mismo en un ambiente de paz. Experimenta usted el ambiente con todos sus sentidos como si estuviera ahí. Por ejemplo, imagine que está acostado en la playa. Vea el hermoso cielo azul, perciba el olor del agua salada, escuche las olas y sienta la brisa tibia sobre la piel. Los mensajes que el cerebro recibe al experimentar estas sensaciones lo ayudan a relajarse.

Involúcrese con otros

Años de investigación muestran que una red social fuerte es un componente importante de la salud en general. La gente que se siente relacionada con otros tiende a ser más sana físicamente, tiene un sistema inmune más fuerte y menos riesgo de enfermedad y muerte.

Los lazos sociales mejoran también la salud mental, proporcionándole un sentido de propósito o significado. Los amigos y

¿Qué hay respecto a los grupos de apoyo?

Algunas personas encuentran agradable hablar con personas que comparten sentimientos y preocupaciones similares. Además de ofrecer apoyo emocional, estos grupos pueden proporcionarle una sensación de pertenencia o de adaptación. Pueden proporcionar también una oportunidad para hacer nuevas amistades.

Sin embargo, los grupos de apoyo no son para todos. Para beneficiarse de un grupo de apoyo, tiene que estar dispuesto a compartir sus pensamientos y sentimientos honestamente. Debe estar dispuesto a aprender de, y ayudar a otros. La gente que no se siente a gusto hablando enfrente de un grupo o escuchando los problemas de otros tienen menos probabilidad de beneficiarse. Sin embargo, tenga en mente que es normal sentirse un poco nervioso cuando se une a un grupo nuevo de gente o habla frente a ellos. No deje que esto lo detenga. Mucha gente descubre después de un par de sesiones que disfruta estas reuniones y las encuentra útiles.

Para saber si hay un grupo de apoyo en su área para gente con depresión, verifique con el médico o terapeuta. Podría también preguntar en el departamento de salud, en alguna organización de salud de la comunidad o en la biblioteca local. Puede contactar también las organizaciones de salud mental (en Estados Unidos) enumeradas en la página 185. Evite los grupos que prometen curas rápidas o que lo obligan a hablar de cosas que no se siente a gusto discutir.

Existen muchos grupos de apoyo en Internet. Un grupo en línea puede ser útil si vive usted en un área rural o en una comunidad pequeña. Pero tenga en cuenta que la interacción a través de la computadora no es un sustituto de la comunicación cara a cara. Además, no puede estar seguro de que la gente con la que está conversando es lo que dice ser.

familiares pueden proporcionar palabras de aliento, ofrecer retroinformación delicada pero útil y darle la mano cuando necesita ayuda. Puede motivarlo también a cuidarse mejor. Examine su red de apoyo social. Si requiere reforzamiento, considere algunas de estas ideas:

Dedique tiempo a su familia. Planee una reunión con sus abuelos, padres, hermanas y hermanos. Restablezca los lazos de unión con una tía favorita o un primo que no ve hace mucho tiempo.

Reúnase con vecinos. Programe un día de campo con los vecinos o una fiesta en la cuadra. Cuando vea a los vecinos afuera, preséntese con ellos.

Únase a organizaciones de la comunidad. Construya lazos de unión con otras personas que se interesan por temas similares.

Responda a otros. Acepte invitaciones a eventos. Responda a las llamadas telefónicas y cartas. Sepa escuchar.

Haga a un lado las diferencias. Enfoque sus relaciones con una hoja de servicios limpia, incluso si ha tenido dificultades en el pasado.

Tome en cuenta sus necesidades espirituales

La espiritualidad se confunde a menudo con la religión. Pero la espiritualidad no está tan relacionada con una creencia específica o forma de adoración como con el espíritu o con el alma. La espiritualidad se refiere al significado, valores y propósito de la vida. La religión es una forma de expresar las creencias espirituales, pero no es la única. Para algunas personas la espiritualidad es estar a tono con la naturaleza. Otras expresan su espiritualidad a través de la música o el arte.

Espiritualidad y curación

Numerosos estudios han intentado medir el efecto de la espiritualidad sobre la recuperación de la enfermedad. La mayoría de estos estudios sugiere que las creencias espirituales tienen un efecto beneficioso sobre la salud. Nadie sabe exactamente cómo afecta la espiritualidad a la salud. Algunos expertos atribuyen el efecto de curación a la esperanza, que se sabe beneficia el sistema inmunológico. Una práctica, como la meditación, que es parte de muchas tradiciones espirituales, puede disminuir la tensión muscular y puede hacer más lenta la frecuencia cardíaca. Otros investigadores destacan las relaciones sociales que proporciona a menudo la espiritualidad.

Aun cuando la espiritualidad se asocia a curación y una mejor salud, no es una curación. La espiritualidad puede ayudarle a vivir una vida más plena a pesar de sus síntomas, pero los estudios no han encontrado que cure los problemas de la salud. Es mejor considerar la espiritualidad como una fuerza que ayuda a la curación, pero no un sustituto de los cuidados médicos tradicionales.

Encuentre el bienestar espiritual

Para rejuvenecer el lado espiritual de su vida, identifique lo que le proporciona paz interior. Puede encontrarlo a través de uno de los siguientes:

- Escritos espirituales
- Asistir al culto religioso
- Oración o meditación
- Arte
- Música
- Pasar tiempo al aire libre

La mejor defensa es una buena ofensiva

Una de las mejores formas de manejar la depresión y prevenir episodios recurrentes es anticipar y solucionar posibles problemas antes que se conviertan en problemas reales. Esto significa seguir el plan de tratamiento y adoptar hábitos que apoyen su recuperación, como el ejercicio. También significa estar alerta a los signos de advertencia de una recaída.

Los signos de advertencia pueden ser diferentes para cada quien. Puede ser que haya empezado a despertar temprano en la mañana, o que esté comiendo más de lo habitual. Puede sentirse particularmente irritable, perdiendo los estribos en asuntos triviales. Ponga atención a los signos de advertencia que le indican que puede estarse deprimiendo.

Recuerde que la vida tiene naturalmente altas y bajas — sentirse ocasionalmente triste o abatido no significa que se está hundiendo en otra depresión. Pero si estos sentimientos persisten, vea a el médico o terapeuta. Pueden sugerirle un cambio en el plan de tratamiento o recordarle cómo utilizar las habilidades que usted ya ha aprendido para enfrentar problemas.

Parte 3

Grupos y preocupaciones especiales

Capítulo 11

La mujer y la depresión

L a depresión es dos veces más frecuente en las mujeres que en los hombres. En el curso de la vida, aproximadamente 20% de las mujeres presentarán depresión mayor o distimia, en comparación con 10% de los hombres. En el trastorno bipolar, la prevalencia de la enfermedad es aproximadamente igual en los hombres y las mujeres, aunque las mujeres tienen típicamente más episodios depresivos y menos episodios maníacos.

La depresión afecta generalmente a las mujeres a una edad más temprana —más a menudo entre los 25 y 44 años— que a los hombres. Los signos y síntomas de depresión tienden a ser diferentes en las mujeres que en los hombres. Las mujeres presentan a menudo aumento de apetito, aumento de peso y deseo de carbohidratos. Los hombres tienden a perder el apetito y el peso cuando están deprimidos. Las mujeres tienen también mayor probabilidad de desarrollar depresión estacional o un trastorno acompañante, como ansiedad o un trastorno de la alimentación. Los hombres deprimidos tienen mayor riesgo de abuso de sustancias.

¿Por qué las mujeres son más vulnerables?

Se cree que diversos factores médicos, psicológicos y sociales de la vida de las mujeres son responsables de la mayor frecuencia de la depresión en las mujeres que en los hombres. Los siguientes factores probablemente interactúan para aumentar el riesgo de las mujeres de desarrollar depresión:

Factores biológicos. Estos pueden incluir factores genéticos y cambios en el estado de ánimo asociados a la producción de hormonas sexuales femeninas.

Factores sociales y culturales. Las mujeres tienen mayor probabilidad de cargar con las responsabilidades tanto del trabajo como de la familia. También tienen mayor probabilidad que los hombres de padecer pobreza, de ser madres solteras y de tener historia de abuso sexual o físico.

Factores psicológicos. Las mujeres y los hombres pueden aprender a manejar las emociones y a enfrentar el estrés en formas diferentes. Algunos expertos sugieren que debido a factores sociales y culturales las mujeres están menos inclinadas que los hombres a actuar sobre sus problemas, pero más inclinadas a pensar demasiado en ellos.

Depresión durante los años reproductivos

Antes que las niñas y niños lleguen a la adolescencia tienen tasas similares de depresión. En la pubertad, las diferencias empiezan a notarse. Entre los 11 y 13 años de edad, las tasas de depresión de las niñas aumentan de manera importante. Hacia los 15 años las mujeres tienen una probabilidad dos veces mayor que los hombres de presentar un episodio de depresión mayor.

Debido a que esta brecha entre los sexos se desarrolla después de la pubertad y desaparece después de la menopausia, los científicos creen que los factores hormonales están involucrados. Las experiencias físicas de las mujeres durante sus años reproductivos —incluyendo la menstruación, el embarazo y la menopausia— traen consigo fluctuaciones en la producción de hormonas sexuales que pueden asociarse a cambios en el estado de ánimo. Los cambios hormonales —especialmente cuando se combinan con otros factores médicos o con aspectos psicológicos o sociales— pueden aumentar el riesgo de depresión en una mujer.

Trastorno premenstrual disfórico

Millones de mujeres conocen demasiado bien los cambios en el estado de ánimo que pueden ocurrir inmediatamente antes de la menstruación:

ansiedad, irritabilidad y tristeza. Veinte a cuarenta por ciento de la mujeres presentan estas emociones. Muchas mujeres presentan también síntomas físicos inmediatamente antes de la menstruación, como distensión abdominal, dolor en las mamas, fatiga, dolores musculares o cefalea.

Para un pequeño porcentaje de mujeres —3% a 5%— los síntomas premenstruales son tan severos que desorganizan su vida y sus relaciones. Este trastorno es llamado trastorno premenstrual disfórico (TPMD). Los síntomas del TPMD pueden incluir:

- Estado de ánimo marcadamente deprimido
- Sentimientos de desesperanza
- Ansiedad, tensión, sentimientos de nerviosismo o excitación
- Llanto
- Mayor sensibilidad al rechazo personal
- Enojo o irritabilidad no característicos y aumento de conflictos con los demás
- Disminución del interés en las actividades habituales
- Dificultad para concentrarse
- Letargia, fatiga, falta de energía
- Cambio en los patrones del apetito y del sueño
- Sentimientos de estar abrumada o fuera de control

Los investigadores están estudiando por qué algunas mujeres son más susceptibles al TPMD. Se cree que los cambios físicos y emocionales que ocurren comúnmente antes de la menopausia resultan de una respuesta aumentada a los cambios hormonales normales. El TPMD, por otro lado, puede originarse en una respuesta anormal a los cambios hormonales.

Los inhibidores selectivos de la recaptura de serotonina (ISRS) son a menudo eficaces para tratar los síntomas de TPMD. Generalmente estos medicamentos se toman diariamente. Pueden tomarse también en las dos semanas anteriores a la menstruación, cuando el TPMD típicamente se desarrolla. El médico puede ayudarla a determinar cuál método es mejor para usted. Otros tratamientos para el TPMD incluyen más ejercicio, cambios dietéticos, técnicas de relajación y psicoterapia.

Depresión durante el embarazo

Muchas mujeres se sienten especialmente sanas y positivas durante el embarazo. La producción aumentada de ciertas hormonas parece darles un refuerzo mental. Sin embargo, aproximadamente 10% de las mujeres presentan depresión durante el embarazo. El riesgo mayor es para las mujeres que tienen historia de depresión. Otros factores de riesgo incluyen una historia de TPMD, apoyo social limitado, ser joven, vivir solas, conflictos matrimoniales y ambivalencia respeto a estar embarazada.

Decidir cómo tratar la depresión durante el embarazo implica ponderar con el médico los riesgos y beneficios de los diversos tratamientos. Las estrategias de autocuidados descritas en el Capítulo 10 pueden ser útiles en la depresión leve. En la depresión moderada, la psicoterapia puede ser beneficiosa.

Si tiene depresión moderada o severa que interfiere con su capacidad para cuidarse a usted misma, puede beneficiarse si toma un antidepresivo. Los investigadores sugieren que los ISRS son relativamente seguros tanto para la madre como para el feto durante el embarazo. La mayoría de estudios recientes de mujeres que tomaron ISRS durante el embarazo encontraron que los medicamentos no perjudicaron al feto. El médico puede ayudarla a ponderar los pros y los contras en su situación.

Muchas mujeres prefieren —y sus médicos les recomiendan— evitar medicamentos durante el embarazo. Pero deben tomarse en cuenta los riesgos de no tratar la depresión, especialmente sus formas más severas. Pueden incluir una deficiente nutrición para la madre y el feto, cuidados prenatales inadecuados, peso bajo al nacer y parto prematuro. La depresión no tratada puede llevar también a depresión crónica o más severa. Las mujeres deprimidas que descontinúan los medicamentos antidepresivos tempranamente en su embarazo muestran una tasa de recaída de 50% hacia el tercer trimestre, de acuerdo a un estudio que se está realizando en la Universidad de California en Los Ángeles y en la Universidad de Emory.

En las mujeres con depresión severa que no mejoran con otros tratamientos, la terapia electroconvulsivante (TEC) puede ser una opción. Aunque se usa con poca frecuencia en el embarazo, la TEC se considera relativamente segura.

Depresión posparto

Tener un bebé es un evento excitante, atemorizante y gozoso. Es frecuente que las mujeres presenten una amplia gama de emociones después del nacimiento de su bebé, incluyendo los síntomas conocidos como tristeza del bebé. En los primeros días del nacimiento del bebé, más de la mitad de las nuevas madres se sienten tristes, enojadas, irritables, o ansiosas. Pueden llorar sin razón aparente e incluso tener pensamientos negativos de su bebé. Estos sentimientos son normales y generalmente desaparecen en una semana aproximadamente.

Un trastorno más severo después del parto, llamado depresión posparto, afecta hasta 25% de las nuevas madres. Este tipo de depresión se origina probablemente en una deficiencia o en un cambio en las hormonas sexuales que afecta la actividad cerebral en regiones involucradas en la regulación del estado de ánimo. Los síntomas de la depresión posparto son similares a los de la depresión mayor y generalmente se desarrollan en las primeras semanas después del nacimiento del bebé. Además, puede sentir falta de preocupación por usted misma o su bebé, o una preocupación excesiva por el bebé. Puede tener expectativas irracionalmente elevadas o sentirse atrapada. Puede sentirse inadecuada y cuestionar su capacidad de ser madre.

Se encuentra en riesgo aumentado de presentar depresión posparto si:
- Tiene historia de depresión
- Presenta depresión durante el embarazo
- Tiene problemas matrimoniales
- Vive eventos difíciles durante el embarazo
- No tiene un sistema de apoyo social

El tratamiento de la depresión posparto puede incluir medicamentos antidepresivos, psicoterapia o ambos. Una preocupación de las madres que amamantan a su bebé es que tomar antidepresivos puede poner en riesgo a su bebé. Los estudios no han encontrado efectos adversos de los ISRS en los lactantes alimentados al seno materno, pero se requiere una mayor investigación para valorar posibles efectos a largo plazo. Algunos investigadores creen que los suplementos de estrógenos pueden ser eficaces también para tratar la depresión posparto. Se requiere una mayor investigación en esta área también.

Menopausia y depresión

Los signos y síntomas de la menopausia empiezan generalmente antes del final de la menstruación y pueden persistir hasta un año después.

Un relato de primera mano de la depresión posparto

Siendo una madre primeriza a los 38 años de edad, nunca había oído hablar de la depresión posparto. En las primeras semanas no tenía la melancolía que sigue al parto, la tristeza del bebé. Pero todo el tiempo tenía una gran ansiedad, y nada me hubiera podido preparar para el prospecto inicialmente atemorizante de tener al cuidado otra vida.

Recuerdo las largas noches en espera de un sueño que no llegaba. No se parecía en nada al insomnio ocasional que sufrí durante el estrés relacionado con el trabajo, la excitación de un viaje o, incluso el último mes del embarazo. Irónicamente, nuestro bebé dormía casi toda la noche desde el principio.

Después de unas semanas de tomar medicamentos para dormir que obtuve sin receta, empecé una montaña rusa de visitas a médicos. Reconociendo mis temores sobre la maternidad, vi también a un psicólogo, quien se convirtió en la fuente mayor de apoyo en los meses siguientes y una constante en un torbellino de emociones, médicos y medicamentos.

Tres meses después del nacimiento de mi hijo me sentí bastante bien y decididí disminuir el antidepresivo que probablemente apenas empezaba a funcionar. Quería probar que era fuerte y no necesitaba pastillas. El insomnio reapareció unas cuantas semanas después de suspender el medicamento y unos cuantos días antes que se diagnosticara cáncer en mi madre. Era yo muy inocente respecto a la depresión y su tratamiento y me abrumó la perspectiva de perder a mi madre. Mi madre murió en la mañana de la Navidad cuando nuestro hijo tenía casi cinco meses de edad. Los siguientes meses fueron muy sombríos.

Más adelante uno de mis médicos dijo, "No tiene por qué avergonzarse de tomar un antidepresivo. Yo también lo tomo". Al compartir conmigo su secreto, respeté a este médico por revelarme su lado humano.

Afortunadamente tengo un esposo amable, cariñoso y que me apoya. También importante para mi recuperación fue seguir tomando el medicamento, hacer ejercicio y pasar muchos días con el bebé en las casas de mis vecinas. Los parientes y amigos se acercaron más, compartiendo su vida, lo que a su vez me dio esperanzas para mejorar.

Brenda

Hudson, Wisconsin

Este periodo transicional, cuando los niveles de hormonas a menudo fluctúan, es llamado perimenopausia. Durante este tiempo muchas mujeres presentan diversos cambios en las emociones y funciones corporales, incluyendo bochornos, dificultades para dormir y fluctuaciones en el estado de ánimo.

La menopausia o la perimenopausia no causan depresión. Sin embargo, las mujeres que tienen riesgo aumentado de depresión por otros factores genéticos o de la vida pueden presentar depresión durante sus años de menopausia y perimenopausia, cuando los niveles hormonales fluctúan.

Terapia hormonal de reemplazo

Los estudios muestran que la terapia hormonal de reemplazo (THR), que se prescribe frecuentemente para aliviar los síntomas asociados a la menopausia, puede mejorar el estado de ánimo en las mujeres con depresión leve. Los suplementos de estrógenos en la THR pueden ayudar también a aliviar los bochornos y las dificultades para dormir y pueden prevenir el adelgazamiento de los huesos que ocurre en la osteoporosis. Un estudio patrocinado por el Instituto Nacional de Salud Mental de Estados Unidos examinó la asociación entre la depresión y los niveles hormonales. Se encontró que la densidad mineral en las caderas de las mujeres con historia de depresión mayor fue 10 a 15% menor de lo normal para su edad. La menor densidad ósea aumenta el riesgo de fracturas de la cadera en una mujer.

La terapia hormonal de reemplazo generalmente no es suficiente para tratar la depresión moderada a severa. El médico puede recomendar terapia hormonal combinada con un medicamento antidepresivo, psicoterapia o ambos. Generalmente es seguro tomar la THR con un antidepresivo.

Aspectos sociales y culturales

No sólo interviene la biología en las tasas más elevadas de depresión en las mujeres. Las mujeres pueden enfrentar el estrés social y cultural que aumenta su riego de depresión. Este estrés puede ocurrir también en los hombres, pero generalmente con una frecuencia menor.

Poder y posición desiguales. En general las mujeres ganan menos dinero y tienen menos poder que los hombres. Tres cuartas partes de la gente que vive en la pobreza en Estados Unidos son mujeres y niños. El bajo nivel socioeconómico trae consigo muchas preocupaciones y estrés, incluyendo la incertidumbre del futuro y un menor acceso a los recursos médicos y de la comunidad. Las mujeres de las minorías pueden enfrentar también estrés por la discriminación racial.

Cuando los individuos —mujeres u hombres— sienten que no tienen control de su vida, pueden presentar ciertas emociones, como pasividad, negativismo y falta de autoestima, que los pone en un mayor riesgo de depresión.

Sobrecarga de trabajo. Cuando se considera que muchas mujeres tienen trabajos fuera de su casa y que generalmente manejan la mayoría de las tareas domésticas, las mujeres trabajan a menudo más horas a la semana que los hombres. Además, muchas mujeres tienen que enfrentar los retos y el estrés que pueden acompañar su condición de madres solteras. Las mujeres pueden encontrarse entre generaciones como un "sandwich" —cuidando de sus hijos pequeños y de los familiares enfermos de mayor edad.

Abuso sexual y físico. Los estudios muestran que las mujeres que fueron víctimas de abuso siendo niñas tienen mayor probabilidad de presentar depresión en algún momento de su vida que las mujeres que no lo fueron. Los estudios muestran una mayor incidencia de depresión en las mujeres violadas en la adolescencia o en la vida adulta joven. Aunque el abuso sexual ocurre también en niños y hombres jóvenes, es más frecuente en niñas y mujeres jóvenes.

Las mujeres adultas pueden sufrir también abuso doméstico —violencia física severa, abuso mental, o ambos— de su pareja, cónyuge o algún otro familiar. De acuerdo a las últimas cifras del Departamento de Justicia de Estados Unidos, de un millón de casos de violencia íntima de la pareja que ocurrieron en 1998, 85% involucraron violencia contra las mujeres.

El abuso sexual y físico puede producir pérdida de la autoestima y autovaloración y puede llevar a alteraciones como el trastorno de estrés postraumático.

Cómo tomar el control

El estrés de la vida diaria puede hacer que algunas mujeres se sientan como si estuvieran atrapadas en un ciclo de desesperación. Las siguientes sugerencias pueden ayudarla a enfrentar mejor el estrés y sentir que tiene más control:

Manténgase activa. El ejercicio regular favorece la autoconfianza y proporciona sentimientos de dominio. También mejora el sueño y proporciona energía para enfrentar los eventos de la vida diaria.

Diversifique. Involúcrese en diferentes actividades y ambientes. Si las cosas no van bien en un área, como su vida en el hogar, puede todavía sentirse satisfecha con sus éxitos en otras áreas, como su trabajo o los proyectos de la comunidad. Cuando se sienta triste, cambie su atención a un área que le dé un sentimiento más fuerte de control sobre su vida.

Dése tiempo a usted misma. Además de cuidar a los demás, necesita cuidarse a usted misma. Todos los días reserve tiempo para usted, para relajarse o tomar parte en las actividades que disfruta.

Piense positivamente. Trate de aceptar el estrés de la vida como la forma natural de las cosas. Encuentre formas de vivir con él o cambiarlo en lugar de preocuparse.

Busque apoyo. Desarrolle una red de amigos o familiares que puedan apoyarse entre sí en los momentos estresantes. Si está involucrada en una relación abusiva, contacte a los profesionales de la salud o del servicio social en busca de guía y apoyo para mejorar o abandonar esa relación.

Con la ayuda viene la esperanza

Las mujeres pueden ser más vulnerables a la depresión, pero generalmente responden bien al tratamiento. Incluso la depresión severa puede a menudo tratarse con éxito.

Creer que su estado no tiene esperanza o es incurable puede asociarse a la depresión o a situaciones en la vida en las cuales tuvo poco control. No deje que estos sentimientos le impidan obtener ayuda profesional. Tratar la depresión puede ser un primer paso para cambiar y mejorar su vida. Al empezar a sentirse mejor con usted misma, ganará autoconfianza y encontrará la energía y la voluntad para dominar sus retos. Muchas mujeres que superan con éxito la depresión siguen adelante y disfrutan una vida productiva y placentera.

Capítulo 12

Los adultos mayores
y la depresión

Algunas personas creen equivocadamente que la depresión es una parte natural del envejecimiento. La depresión no es inevitable al avanzar la edad. Pero muchos factores de la vida que vienen con la edad, incluyendo más problemas de salud, estrés económico y la muerte de familiares y amigos pueden aumentar el riesgo de depresión. Un porcentaje considerable de adultos mayores —hombres y mujeres de 65 años de edad o más— presentan depresión.

Una vez que se reconoce, la depresión puede tratarse a menudo eficazmente. Los adultos de edad avanzada responden generalmente igual al tratamiento que los individuos más jóvenes.

Factores precipitantes frecuentes

En los adultos mayores, los siguientes factores médicos, psicológicos y sociales pueden contribuir al desarrollo de la depresión:

Enfermedades físicas. La depresión puede ocurrir con trastornos más frecuentes a edad avanzada, como la enfermedad de Alzheimer, la enfermedad de Parkinson, los ataques cerebrales y el cáncer. Debido a que los síntomas de estas enfermedades pueden sobreponerse con los de la depresión, la depresión no se diagnostica a menudo en adultos mayores con otros problemas de salud.

Medicamentos. Algunos medicamentos pueden precipitar la depresión. Otros pueden hacerlo más vulnerable a la depresión alterando sus niveles hormonales o interactuando con otros medicamentos. Otros medicamentos pueden causar fatiga. La fatiga puede llevar a falta de ejercicio, nutrición deficiente y aislamiento social —factores que pueden precipitar la depresión. Algunas personas pueden usar mal sus medicamentos— voluntaria o involuntariamente —o combinarlos con alcohol, que es un depresor. Esto puede aumentar también su riesgo de depresión.

Aflicción. Al avanzar la edad tiene usted mayor probabilidad de sufrir la muerte de su cónyuge, un familiar o amigo y la tristeza y aflicción que acompañan a la muerte.

Retiro. En 1900 dos terceras partes de los hombres mayores de 65 años de edad seguían empleados. En 1990 sólo 16% de los hombres y 7% de las mujeres seguían trabajando después de los 65 años. Al retirarse antes la gente y aumentar la esperanza de vida, hay un periodo más prolongado entre el final de una carrera y el final de la vida. Muchos adultos mayores hacen una transición suave entre el trabajo y el retiro. Pero algunos tienen más dificultad, especialmente los que derivan su autoestima y satisfacción de su carrera. El retiro puede significar también cambiarse a un nuevo sitio y la pérdida de lazos bien establecidos.

Reflexión. Con la edad usted tiende a pensar en su vida y sus logros. Algunas personas se entristecen por un sentimiento de no haber logrado sus expectativas, o se desilusionan porque no hicieron las cosas en forma diferente en su vida.

Confrontar la muerte. Algunas personas tienen dificultad para aceptar que su vida puede estar cerca del final.

Cómo reconocer la depresión en los adultos mayores

La depresión no reconocida y no tratada puede tener consecuencias graves sobre su calidad de vida. Puede llevar a una disminución del funcionamiento físico y a depender más de los demás. La depresión puede incluso asociarse a un riesgo aumentado de muerte prematura en las personas que tienen ciertas formas de enfermedad cardíaca, incluyendo trastornos del ritmo cardíaco (arritmias) y disminución del flujo de sangre al corazón (cardiopatía coronaria).

Con la edad puede ser más difícil reconocer la depresión. Usted o su médico pueden atribuir los síntomas de depresión, como falta de energía, cambios en la memoria y concentración, irritabilidad, pérdida de apetito y dificultad para dormir, a los efectos de una enfermedad. Además, como muchos adultos mayores, puede haber crecido en una época en la que se asociaba un estigma a cualquier tipo de enfermedad mental. Si es así, puede hablar de molestias y dolores pero no mencionar que se siente triste, desamparado o inútil. Otros cambios asociados a la depresión tardía en la vida incluyen la pérdida del interés en las actividades habituales, aumento del consumo de·alcohol, aislamiento social, aumento de la ansiedad y sospechar de los demás.

Alzheimer, Parkinson y depresión

Dos enfermedades bastante frecuentes en los adultos mayores son la enfermedad de Alzheimer y la enfermedad de Parkinson. Debido a que ciertos síntomas asociados a estas enfermedades pueden ser similares a los de la depresión, algunas veces puede ser difícil determinar si una persona tiene enfermedad de Alzheimer temprana, enfermedad de Parkinson temprana, depresión o una combinación de estas enfermedades. Por estas razones, un psiquiatra es a menudo parte del equipo que establece el diagnóstico.

Enfermedad de Alzheimer y depresión

Identificar si un individuo tiene depresión, enfermedad de Alzheimer temprana o ambas es importante para determinar el mejor tratamiento. La lista siguiente de algunas de las diferencias entre la depresión y la enfermedad de Alzheimer temprana puede ayudar al diagnóstico:

- Un individuo con depresión puede hacer pocos esfuerzos por desempeñarse bien en las pruebas que los médicos utilizan para valorar la memoria. Una persona que no está deprimida pero que puede tener enfermedad de Alzheimer generalmente coopera y trata de desempeñar las tareas lo mejor que puede.
- Un individuo que está deprimido puede no disfrutar las experiencias normalmente agradables o interesantes. Un individuo con enfermedad de Alzheimer temprana generalmente sigue disfrutando las actividades que encuentra agradables o interesantes.
- Un individuo que presenta depresión sigue hablando y comprendiendo el lenguaje y puede llevar a cabo actividades motoras bien aprendidas sin dificultad. Una persona con enfermedad de Alzheimer temprana puede empezar a tener dificultad para hablar, nombrar los objetos,

escribir o entender el lenguaje. Puede tener cierta dificultad para llevar a cabo actividades motoras comunes, como vestirse.

- Una persona deprimida a menudo responde bien al tratamiento antidepresivo. Una persona con enfermedad de Alzheimer temprana que no se acompaña de depresión generalmente no responde a los antidepresivos. Una persona con enfermedad de Alzheimer temprana y con depresión puede mostrar cierta mejoría con los antidepresivos. Los síntomas de la depresión pueden mejorar, pero el medicamento no trata los síntomas de la enfermedad de Alzheimer.

Enfermedad de Parkinson y depresión

Aproximadamente 40% de la gente con enfermedad de Parkinson desarrolla también depresión. Aproximadamente en uno de cada cuatro de estos individuos, los síntomas de depresión pueden ocurrir meses o incluso años antes que se diagnostique la enfermedad de Parkinson. Aunque las limitaciones físicas resultantes de la enfermedad de Parkinson pueden ser frustrantes y estresantes, la depresión en una persona con enfermedad de Parkinson generalmente no es una reacción a la incapacidad física. Más bien deriva de los cambios cerebrales asociados a la enfermedad de Parkinson.

Como en la enfermedad de Alzheimer, el diagnóstico de depresión en una persona con enfermedad de Parkinson puede ser difícil porque los síntomas de las dos enfermedades —falta de energía, dificultad para dormir, movimientos lentos y hablar quedo— pueden ser similares. Una forma de reconocer la diferencia entre los síntomas de enfermedad de Parkinson y la depresión es el apetito. La gente con enfermedad de Parkinson que no está deprimida generalmente tiene buen apetito, aunque puede bajar de peso.

Otra distinción es el interés y el placer en ciertas actividades. Aunque una persona con enfermedad de Parkinson puede frustrarse por sus limitaciones físicas y, como resultado, evitar ciertas cosas, sigue interesada todavía en las actividades. Por otro lado, una persona deprimida generalmente no participa ya en actividades placenteras porque no las encuentra interesantes o agradables.

Ataque cerebral y depresión

Un ataque cerebral ocurre cuando un vaso sanguíneo del cerebro se rompe o se bloquea, dañando el tejido cerebral. Frecuentemente ocurre en adultos mayores y puede causar complicaciones leves a severas. Dependiendo de la parte del cerebro involucrada, pueden resultar diferentes patrones de debilidad muscular, dificultad para hablar y alteración de la memoria.

Existe también una fuerte relación entre el ataque cerebral y la depresión. Hasta 50% de la gente que presenta un ataque cerebral desarrolla depresión en los siguientes dos años. El riesgo de depresión no coincide con el grado de dificultad física producida por el ataque. Algunos individuos con dificultades físicas leves pueden deprimirse, mientras que otros con dificultades físicas serias no presentan depresión. La investigación sugiere que un pronosticador de la depresión subsecuente es la localización del ataque cerebral. Los ataques cerebrales del lado izquierdo en la porción frontal del cerebro, pueden tener mayor probabilidad de llevar a depresión que los ataques en otras regiones del cerebro.

Como otras formas de depresión, la que sigue a un ataque cerebral puede tratarse a menudo eficazmente con medicamentos, psicoterapia o ambos. Desafortunadamente, la depresión a menudo no se reconoce en este grupo de gente. Los médicos, familiares y la gente que se recupera de un ataque cerebral pueden suponer equivocadamente que los síntomas depresivos son "normales" en estas circunstancias. Una razón importante para tratar la depresión es que el tratamiento puede incrementar la capacidad de un individuo para recuperarse de los efectos físicos del ataque cerebral.

Cómo tratar la depresión en los adultos mayores

Más de 80% de los adultos mayores deprimidos mejoran con tratamiento. Frecuentemente se utilizan antidepresivos. Generalmente son eficaces y la mayoría de las personas presentan pocos efectos secundarios, si es que alguno, especialmente con los nuevos antidepresivos. Para reducir el riesgo de efectos secundarios, su médico puede recomendarle empezar con una dosis menor del medicamento y aumentarla lentamente. Las dosis menores de antidepresivos pueden ser adecuadas porque con la edad su cuerpo tiende a metabolizar los medicamentos más lentamente.

La psicoterapia es también útil a menudo y puede ser la primera línea de tratamiento de la depresión leve a moderada, especialmente si el médico está preocupado por los posibles efectos secundarios o interacciones medicamentosas por añadir otro medicamento a la mezcla que ya está tomando. La terapia electroconvulsivante (TEC) generalmente se recomienda si tiene depresión moderada a severa y no ha respondido a otros tratamientos. La TEC es segura y a menudo igualmente eficaz en adultos mayores que en adultos más jóvenes.

Cómo manejar la depresión

Una vez que sus síntomas se encuentran bajo control y se siente mejor, los pasos siguientes pueden ayudar a prevenir otro episodio depresivo. (Pueden también ayudar a prevenir un primer episodio de depresión.) Otras estrategias para manejar la depresión se enumeran en el Capítulo 10.

Renueve y entable nuevas relaciones. Con el retiro usted y su cónyuge pueden estar juntos mucho más tiempo del acostumbrado. Eso significa que podrían tener que reajustar sus rutinas y expectativas. Las relaciones con sus familiares y amigos pueden cambiar también. Considere estos cambios como oportunidades.

Manténganse socialmente activo. Salga a tomar café con los amigos. Planee actividades con los vecinos y parientes. Si se siente inquieto, aprenda un nuevo pasatiempo, tome un curso de computación u ofrézcase como voluntario en una organización local. Si vive solo y no tiene muchos contactos sociales, investigue los recursos disponibles de la comunidad o considere cambiar a una comunidad de retiro que proporcione una mejor oportunidad de socializar.

Manténgase físicamente activo. Si su salud lo permite, camine diariamente. Puede unirse a una clase de acondicionamiento para personas de edad avanzada o a una liga de golf. Pero primero verifique con el médico para asegurarse de que puede aumentar su nivel de actividad física.

Utilice los medicamentos inteligentemente. Tome todos los medicamentos como los prescribió el médico. Y asegúrese que informa al médico de todos los medicamentos que toma.

Capítulo 13

Depresión en la infancia y la adolescencia

En los últimos 20 años los profesionales de atención de la salud han llevado a cabo un esfuerzo concertado para reconocer y comprender mejor los trastornos del estado de ánimo en los niños y adolescentes. Antes los médicos creían que los niños y los adolescentes no tenían la madurez mental para experimentar depresión. Pero los investigadores están encontrando que la depresión es frecuente en niños y adolescentes, que los jóvenes están propensos a los mismos tipos de depresión que los adultos y que en este grupo la depresión a menudo no se reconoce ni se trata.

Considere estos hechos básicos:

- En países como Estados Unidos, la depresión puede ocurrir hasta en uno de cada 33 niños y en uno de cada ocho adolescentes. En un momento dado, hasta 3% de los niños y adolescentes tienen depresión.
- Una vez que un niño o un adolescente tiene un episodio de depresión, tiene una probabilidad mayor de 50% de presentar otro episodio en los siguientes cinco años.
- Dos terceras partes de los jóvenes con enfermedades mentales no obtienen la ayuda que necesitan.
- El suicidio es la tercera causa de muerte entre los 15 y los 24 años de edad y la sexta causa de muerte entre los 5 y los 15 años de edad.
- La tasa de suicidios entre los 5 y 24 años de edad se ha triplicado desde 1960.

Cuando los niños y adolescentes viven con depresión no tratada, las relaciones familiares pueden sufrir, el desarrollo social puede afectarse, pueden tener un mal desempeño en la escuela, abusar del alcohol o las drogas y pueden tener riesgo de suicidio. Lo bueno es que la identificación y el tratamiento rápidos de la depresión de la infancia y adolescencia pueden reducir su duración y severidad, y el riesgo de complicaciones.

Qué buscar

Por lo general, la depresión en los niños y adolescentes se diagnostica utilizando los mismos criterios que en los adultos. Pero la forma en que los síntomas de depresión se presentan puede diferir entre los jóvenes y los adultos. Puede ser un reto reconocer la depresión en los niños y adolescentes porque los síntomas pueden ser difíciles de detectar o fáciles de atribuir a algo más, como una fase del crecimiento o cambios hormonales.

Además, muchos comportamientos asociados a la depresión en los jóvenes pueden ser reacciones normales en los niños y adolescentes. Por ejemplo, la mayoría de jóvenes discute con sus padres o maestros o no hace la tarea de vez en cuando. Es el número de síntomas que un niño o un adolescente presenta y la duración de los síntomas y su severidad lo que toma en cuenta un profesional de salud mental para determinar si un niño o un adolescente está deprimido. La lista de abajo muestra cómo un joven puede presentar depresión en cada uno de los tres grupos diferentes de edad:

Un preescolar:
- Es apático
- No se interesa por jugar
- Llora fácilmente y con más frecuencia

Un niño en la escuela primaria:
- Es apático y malhumorado
- Es más irritable de lo habitual
- Tiene una apariencia triste
- Se desanima fácilmente
- Se queja de estar aburrido
- Es más distante con sus familiares y amigos
- Tiene dificultad en el trabajo escolar
- Habla mucho de la muerte

Un adolescente:

- Siempre está cansado
- Abandona sus actividades favoritas
- Tiene más discusiones con sus padres y maestros
- Rechaza las tareas escolares o el trabajo de la casa
- Se involucra en comportamientos que dañan, como hacerse heridas
- Tiene pensamientos suicidas

Como los adultos, los niños y adolescentes pueden desarrollar también un tipo de depresión diferente (atípico) en la que su estado de ánimo puede mejorar por periodos cortos, y pueden experimentar cierta alegría en respuesta a los eventos positivos. Esto contrasta con otras formas comunes de depresión en las cuales el estado de ánimo tiende a ser consistentemente triste y no fácilmente influenciado por los eventos positivos.

¿Está en riesgo su hijo?

Tanto los niños como las niñas parecen tener el mismo riesgo de depresión. Sin embargo, cuando llegan a la adolescencia las niñas tienen una probabilidad dos veces mayor que los niños de presentar depresión. Las mujeres mantienen un mayor riesgo de depresión hasta la mediana edad.

La investigación sugiere que los genes, las hormonas sexuales femeninas, los aspectos psicológicos y el estrés social pueden estar relacionados con la frecuencia aumentada de depresión en las adolescentes. La genética puede ser especialmente importante, ya que los jóvenes que presentan depresión tienen a menudo antecedentes de que uno de los padres presentó depresión a una edad temprana. Los adolescentes deprimidos tienen también mayor probabilidad de historia familiar de la enfermedad.

Además de la historia familiar, estos factores pueden aumentar el riesgo de depresión en un niño o en un adolescente:

- Presentar estrés significativo
- Ser víctima de abuso o negligencia
- Sufrir la muerte de uno de los padres o de otro ser querido
- Romper relaciones con alguien
- Tener una enfermedad crónica, como diabetes
- Sufrir otros traumas
- Tener un trastorno del comportamiento o aprendizaje

Lista de verificación de la depresión, para los padres

A continuación se presentan los signos y síntomas de depresión frecuentes en niños y adolescentes. Puede usar la lista para reunir información respecto a los sentimientos, pensamientos, problemas físicos, problemas de comportamiento y riesgo de suicidio de su hijo.

Sentimientos — Su hijo presenta lo siguiente:
- ☐ Tristeza
- ☐ Vacío
- ☐ Desesperanza
- ☐ Culpa
- ☐ Inutilidad
- ☐ No disfruta los placeres de la vida diaria

Pensamientos — Su hijo tiene problemas para:
- ☐ Concentrarse
- ☐ Tomar decisiones
- ☐ Terminar la tarea de la escuela
- ☐ Mantener sus calificaciones
- ☐ Mantener sus amistades

Problemas físicos — Su hijo se queja de:
- ☐ Dolor de cabeza
- ☐ Dolor de estómago
- ☐ Falta de energía

Trastornos relacionados

Los niños y adolescentes que presentan depresión tienen a menudo otra enfermedad mental. Las enfermedades mentales que pueden ocurrir con la depresión incluyen:

Un trastorno de la alimentación. Las niñas tienen mayor probabilidad que los niños de desarrollar los trastornos de la alimentación llamados anorexia nerviosa o bulimia nerviosa. Muchas adolescentes con anorexia nerviosa están significativamente deprimidas. Se consideran obesas aunque estén peligrosamente delgadas. Controlar

- [ ] Problemas de sueño (demasiado o muy poco)
- [ ] Cambios en el peso o en el apetito (aumento o disminución)

Problemas de comportamiento — Su hijo:
- [ ] Es irritable
- [ ] No quiere ir a la escuela
- [ ] Quiere estar solo la mayor parte del tiempo
- [ ] Tiene dificultad para llevarse bien con los demás
- [ ] Interrumpe las clases o falta a la escuela
- [ ] Abandona los deportes, pasatiempos y otras actividades
- [ ] Consume alcohol o usa drogas

Riesgo de suicidio — Su hijo habla o piensa en:
- [ ] El suicidio
- [ ] La muerte
- [ ] Otros temas relacionados con la muerte

Si su hijo presenta cinco o más de estos signos o síntomas durante 2 semanas por lo menos, puede estar presentando depresión u otra enfermedad mental. Haga una cita con el médico familiar, con el médico de su hijo o con un profesional de salud mental. Anote cuánto tiempo duran los signos y síntomas, qué tan a menudo ocurren y cite ejemplos. Esta información ayudará a un médico o a un terapeuta a comprender mejor el estado emocional de su hijo.

Fuente: modificado de Dubuque S.E.A., *Parent's Survival Guide to Childhood Depression* (King of Prussia, PA: Center for Applied Psychology, 1996).

lo poco que comen se convierte en una obsesión. Esto resulta a menudo en hábitos inusuales de alimentación, incluyendo comer pequeñas cantidades de unos pocos alimentos. La gente con anorexia nerviosa puede también hacer compulsivamente ejercicio, vomitar, usar laxantes o tomar otros medicamentos para controlar el peso.

La bulimia nerviosa involucra comer incontroladamente y luego vomitar para evitar aumentar de peso. La bulimia nerviosa se asocia a menudo con depresión y tiende a ocurrir en familias en las que uno o más familiares han estado deprimidos.

Un trastorno de ansiedad. Algunos niños se preocupan demasiado. Temen por lo que les depara el futuro, se inquietan por experiencias pasadas o se preocupan porque no pueden manejar el presente. Los problemas de ansiedad varían mucho en severidad. Algunos niños son capaces de manejar su ansiedad y funcionan bastante bien, pero otros tienen mucha dificultad para hacerlo. Como los adultos, los jóvenes pueden presentar también tipos específicos de trastornos de ansiedad como el trastorno obsesivo-compulsivo o los ataques de pánico. Si su hijo tiene un trastorno de ansiedad, puede:

- Ser extremadamente inseguro de sí mismo
- Necesitar que se le tranquilice constantemente
- Parecer tenso e incapaz de relajarse
- Preocuparse demasiado por su apariencia

Los signos físicos pueden incluir:

- Morderse las uñas
- Chuparse el dedo
- Jalar o torcer los cabellos
- Tener dificultad para dormirse

Los niños con ansiedad pueden parecer demasiado maduros. Pueden tratar de ser perfectos y pueden ser sumamente sensibles a las críticas, que frecuentemente resultan en resentimientos. Pueden tener relaciones cálidas, pero se preocupan por tener éxito y ser aceptados y queridos. Algunas veces esta ansiedad viene de padres que ejercen una presión excesiva sobre sus hijos para triunfar.

Abuso de sustancias. Desafortunadamente, en la sociedad actual casi todos los jóvenes están expuestos al alcohol y a las drogas en algún momento de su desarrollo. Muchos experimentan con estas sustancias, y algunos desarrollan patrones incapacitantes de uso. Aunque todavía hay mucho que aprender del abuso de sustancias en este grupo, muchos factores pueden afectar la vulnerabilidad de un niño. Sin embargo, el factor de riesgo más crítico para el abuso de alcohol o drogas es una historia familiar de dependencia química.

En los niños y adolescentes, muchos de los signos y síntomas de abuso de drogas o alcohol son similares a los de la depresión:

- Vagos, aislados o volátiles
- Faltan a clases o tienen una baja repentina en sus calificaciones
- Hacen llamadas telefónicas secretas o tienen reuniones misteriosas

- Duermen más o menos de lo habitual
- Bajan de peso sin razón aparente
- A menudo piden prestado o hurtan dinero
- No se llevan con la familia y los amigos antiguos como antes
- Hacen nuevos amigos y son ferozmente leales a ellos

Trastorno de estrés postraumático. Los niños o adolescentes que sobreviven a una experiencia horrenda, como disparos en la escuela, un incendio, un accidente automovilístico grave, o abuso sexual o físico, pueden desarrollar problemas emocionales y conductuales persistentes debido a su trauma. Pueden desarrollar síntomas como cefalea, dolor de estómago o problemas de sueño. Pueden también reaccionar al trauma en forma diferente a los adultos. Pueden:

- Tener temor de dejar a sus padres o perderlos y, como resultado no quieren hacer nada nuevo o no familiar
- Revivir su experiencia a través de juegos simbólicos o conductas
- Actuar como lo hacían a una edad menor cuando eran menos maduros

La gente joven con trastorno de estrés postraumático a menudo se culpa a sí misma y asume la responsabilidad de lo que pasó aunque no pudiera haber hecho nada para evitar el evento. Pueden sentirse desesperanzados y pesimistas respecto al futuro, aún después de años de la experiencia traumática. Los niños y adolescentes con depresión preexistente o un trastorno de ansiedad o que han tenido una pérdida anterior tienen el riesgo más elevado de desarrollar el trastorno de estrés postraumático.

Para mayor información sobre trastornos combinados, ver el Capítulo 14.

Cómo tratar la depresión en los jóvenes

Mientras más pronto se reconozca y se trate la depresión, mejor. Aunque los niños y adolescentes tienen una tasa elevada de recuperación de un episodio de depresión, tienen riesgo de presentar episodios subsecuentes.

Los tratamientos más frecuentes para los niños y adolescentes que presentan depresión son medicamentos, psicoterapia o una combinación de ambos. Las opiniones varían respecto a la forma de tratamiento que debe usarse primero. Una evidencia creciente muestra que para la mayoría de jóvenes el mejor enfoque es una combinación de medicamentos y una forma de psicoterapia llamada terapia de comportamiento cognoscitivo. El enfoque combinado es especialmente importante para la depresión severa.

Medicamentos

Hasta hace poco tiempo los médicos habían sido reacios a prescribir antidepresivos a los niños y adolescentes porque no había mucha evidencia respecto a la seguridad y eficacia de estos medicamentos en los jóvenes. Sin embargo, estudios recientes indican que algunos antidepresivos nuevos, especialmente los inhibidores selectivos de la recaptura de serotonina, son seguros y eficaces. Se requiere investigación adicional para valorar su uso a largo plazo en niños y adolescentes. A menudo los antidepresivos se combinan con psicoterapia. Algunos estudios sugieren que este enfoque de dos vías puede ser más eficaz que el uso de antidepresivos solos.

Los medicamentos antidepresivos son generalmente la primera elección de tratamiento entre los médicos cuando un niño o un adolescente:

- Tiene síntomas severos que probablemente no respondan bien a la psicoterapia
- No tiene acceso inmediato a la psicoterapia
- Tiene psicosis o trastorno bipolar
- Tiene depresión crónica o episodios recurrentes

Generalmente es mejor continuar el medicamento varios meses después que los síntomas de depresión han desaparecido para ayudar a evitar una recaída. Cuando es tiempo de descontinuar el medicamento, se debe disminuir gradualmente en periodos de semanas o meses con la ayuda del médico. Si la depresión recidiva —especialmente al disminuir gradualmente el medicamento o poco tiempo después— generalmente es necesario volver a tomar el medicamento.

Psicoterapia

Ciertos tipos de psicoterapia de corto plazo, especialmente la terapia del comportamiento cognoscitivo, han mostrado que alivian los síntomas de la depresión en niños y adolescentes. Cuando un niño o un adolescente está deprimido, tiene a menudo perspectivas falsas y

Trastorno bipolar en los jóvenes

El trastorno bipolar, llamado también trastorno maníaco-depresivo, ocurre menos frecuentemente en adolescentes que en adultos, y raras veces en niños. Involucra fluctuaciones extremas en el estado de ánimo, de la euforia (manía) a la depresión. Tener uno de los padres con trastorno bipolar aumenta el riesgo de la enfermedad en el adolescente o en el niño.

Entre 20% a 40% de los adolescentes con depresión mayor desarrollan trastorno bipolar en los siguientes cinco años del inicio de la depresión. Si el trastorno bipolar empieza en la infancia, parece ser una forma más severa de la enfermedad que cuando se desarrolla en la adolescencia o en la vida adulta joven.

Si su hijo tiene los siguientes síntomas, debe ser valorado por un psiquiatra o un psicólogo con experiencia en trastorno bipolar, especialmente si tiene usted historia familiar de la enfermedad:

- Depresión
- Un nivel anormalmente elevado de energía combinado con incapacidad para concentrarse
- Explosiones excesivas de genio y fluctuaciones del estado de ánimo

Es crucial un diagnóstico preciso porque los medicamentos que se prescriben a menudo para otras enfermedades mentales pueden agravar o precipitar la manía. Estos incluyen ciertos antidepresivos. Para prevenir la manía se debe combinar un antidepresivo con un estabilizador del estado de ánimo como litio o ácido valproico.

El dilema es cómo tratar con eficacia y seguridad el trastorno bipolar en los niños y adolescentes. Actualmente su tratamiento se basa en la experiencia con los adultos. Aunque el conocimiento en los niños y adolescentes sobre la eficacia y seguridad de los medicamentos que se utilizan en los adultos sigue siendo limitado, se han terminado algunos buenos estudios y se está realizando una mayor investigación.

negativas que refuerzan la depresión. La terapia del comportamiento cognoscitivo ayuda a los jóvenes a desarrollar perspectivas más positivas de ellos mismos, del mundo y de su situación en la vida. La investigación sugiere que este tipo de terapia parece más eficaz que la terapia de grupo o familiar. Puede funcionar también más rápidamente que otras formas de psicoterapia.

Cuando trabajan con niños, los profesionales de salud mental modifican típicamente los enfoques que usan en adultos y adolescentes. Por ejemplo, un terapeuta puede usar los dibujos de los niños y los cuentos para ayudarlo a expresar sus sentimientos y problemas.

Algunas veces un terapeuta puede recomendar continuar la psicoterapia después de que han desaparecido los síntomas de depresión. Esto puede reforzar las habilidades de un niño o un adolescente para enfrentar problemas, disminuyendo el riesgo de una recaída. El terapeuta puede también ayudar en el reconocimiento temprano y en el tratamiento si recidiva la depresión.

Educación

Un aspecto importante del tratamiento de la depresión en los jóvenes es educar tanto al niño como a los padres respecto a la enfermedad y su tratamiento. Comprensiblemente, puede tener muchas preguntas y preocupaciones. No tema formular las preguntas al médico familiar o al profesional de salud mental. Mientras más conozca y comprenda, más probabilidades de éxito tiene el tratamiento.

Un mayor énfasis en la intervención temprana

En respuesta a la tasa creciente de depresión en los niños y adolescentes, se están realizando más esfuerzos para reducir la depresión en este grupo. Los estudios sugieren que el tratamiento temprano de la depresión leve a moderada puede ayudar a prevenir la depresión severa y otros trastornos relacionados, como el abuso de sustancias y los trastornos de la alimentación.

Otros estudios muestran que en los jóvenes deprimidos la terapia del comportamiento cognoscitivo combinada con entrenamiento en relajación o solución de problemas en grupo es útil para prevenir las recaídas de la depresión 9 a 24 meses después del tratamiento.

En otro frente, la intervención educativa de corto plazo basada en la familia parece ayudar a reducir el riesgo de un primer episodio de depresión o de otras enfermedades mentales en los niños y adolescentes que tienen alto riesgo debido a una historia familiar.

Capítulo 14

Trastornos combinados

C omo se discutió en capítulos previos, la depresión no siempre se presenta sola. A menudo acompaña a otras enfermedades mentales, con mayor frecuencia la ansiedad, los trastornos de la alimentación y personalidad, y el abuso de sustancias.

En los trastornos combinados puede ser difícil identificar la relación entre los dos. ¿Se desarrollaron independientemente uno de otro y ahora simplemente coexisten? ¿Se están reforzando uno a otro — haciendo un trastorno que el otro se agrave? ¿Un trastorno llevó al otro? ¿Cuál se presentó primero?

Cuando la depresión se combina con otra enfermedad mental, el tratamiento puede ser más difícil. El primer reto para tratar con éxito los trastornos combinados es reconocer la presencia de ambos. Por ejemplo, un individuo puede tener un trastorno de ansiedad de larga evolución no reconocido y no tratado que ahora se complica con depresión. La persona puede buscar tratamiento para la depresión pero, a menos que el trastorno de ansiedad sea reconocido y tratado eficazmente, hay una buena probabilidad de que la depresión persista o siga recidivando. O un individuo que presenta depresión puede tratar de "medicarse" él mismo consumiendo alcohol en exceso, usando drogas ilícitas o tomando grandes cantidades de medicamentos de prescripción. Si un médico no es consciente del abuso de sustancias, no puede tomarlo en cuenta en el tratamiento, y las probabilidades de éxito se reducen. La única forma de desenmarañar la intrincada interdependencia de los trastornos combinados es reconocer y tratar ambos.

Ansiedad y depresión

Como el término depresión, *ansiedad* puede significar diferentes cosas. En el uso común se refiere a los sentimientos frecuentes y naturales que puede presentar de vez en cuando si se encuentra sometido a estrés. Cumplir con fechas de entrega ajustadas, conducir en un clima difícil o apresurarse con sus hijos de un lugar a otro puede hacer que se sienta ansioso y tenso. La ansiedad puede ser también un síntoma de un tipo de enfermedad mental, un trastorno en el cual puede presentar ansiedad gran parte del tiempo o presentar fácilmente ansiedad cuando enfrenta situaciones comunes.

La ansiedad ocurre frecuentemente con depresión. Hasta 50% de la gente deprimida presenta ansiedad. Cuando la depresión es tratada, la ansiedad mejora a menudo también. El tratamiento más eficaz de la ansiedad y de la depresión juntas, es una combinación de medicamentos y psicoterapia. La ansiedad que no se acompaña de depresión generalmente se asocia a un trastorno de ansiedad:

Trastorno de ansiedad generalizada. La recidiva de temores o preocupaciones excesivas caracteriza al trastorno de ansiedad generalizada. Usted se encuentra dando vueltas a la misma cosa todo el tiempo. Puede estar plagado por un sentimiento de autoduda e indecisión y tener un sentimiento de que algo malo está a punto de suceder. Cuando no tiene nada de qué preocuparse, los eventos de su vida generalmente son positivos.

Trastorno de ansiedad social. La gente que es excesivamente temerosa de situaciones sociales tiene un trastorno de ansiedad social, llamado también fobia social. Puede presentar ansiedad cuando se encuentra con gente que no conoce, o puede temer una situación particular, como hablar en público. Otros tipos de fobias incluyen temores de viajar en avión, de las alturas, de ciertos animales y de espacios cerrados.

Trastorno obsesivo-compulsivo. La gente con el trastorno obsesivo-compulsivo tiene obsesiones persistentes e incontrolables, compulsiones o ambas. Las obsesiones son pensamientos persistentes e incontrolables, como las preocupaciones repetidas de cometer un error. Las compulsiones son comportamientos incontrolables. Los ejemplos clásicos incluyen lavarse las manos excesivamente o limpiar la casa para eliminar los gérmenes, o verificar repetidamente si una puerta está cerrada con llave.

Trastorno de pánico. Los ataques de pánico que acompañan al trastorno de pánico producen sentimientos súbitos, intensos y no provocados de terror y temor, durante los cuales el corazón puede latir rápidamente, puede sudar y puede sentir que va a morir. Aproximadamente la mitad de la gente que presenta ataques de pánico tiene por lo menos un episodio de depresión.

Trastorno de estrés postraumático. La gente que ha presentado un trauma físico o emocional, como un desastre natural o un crimen violento, puede desarrollar el *trastorno de estrés postraumático (TEPT)*. Puede tener recuerdos del evento que afectan intensamente su forma de pensar, sentir y comportarse. Existe una evidencia creciente de que la depresión se desarrolla después del TEPT, pero la depresión puede preceder también al trastorno.

Abuso de sustancias y depresión

Los estudios indican que más de la mitad de la gente que abusa del alcohol o de las drogas tiene otra enfermedad mental, o ha presentado una en el pasado. Aproximadamente 20% de la gente que abusa de las drogas tiene depresión mayor o la ha tenido. De la gente que abusa del alcohol, aproximadamente 30% cumplen los criterios médicos de depresión.

La pregunta obvia es, ¿por qué son tan elevadas estas tasas? Desafortunadamente las respuestas no son claras. Los investigadores saben que las sustancias adictivas, como el alcohol y las drogas, actúan sobre muchos de los mismos neurotransmisores que influyen sobre el estado de ánimo. Algunos expertos especulan que algunas personas que abusan del alcohol o de las drogas pueden estar tratando de "normalizar" sus neurotransmisores en un intento por sentirse mejor. Pero este esfuerzo no tiene éxito porque incluso cantidades moderadas de alcohol o de otras sustancias pueden precipitar o agravar la depresión.

Tanto el abuso de sustancias como la depresión deben tenerse en cuenta para que el tratamiento tenga éxito. Pero esto no siempre sucede. Por ejemplo, puede usted entrar en un programa de tratamiento de abuso de drogas, pero su depresión puede no ser reconocida y tratada. O un profesional trata su depresión pero no trata, o posiblemente no reconoce, su problema de abuso de sustancias.

El tratamiento del abuso del alcohol y de la drogas empieza típicamente con la supresión supervisada de la sustancia y abstinencia continuada. Otros aspectos del tratamiento incluyen apoyo profesional, educación, psicoterapia y algunas veces medicamentos. Mientras usted no controle su problema de abuso de sustancias, el tratamiento de la depresión tiene pocas probabilidades de funcionar. No es raro que los síntomas de depresión mejoren o desaparezcan durante el tratamiento del abuso de sustancias, sin necesidad de medicamentos antidepresivos.

Trastornos de la alimentación y depresión

Si tiene un trastorno de la alimentación, puede estar deprimido también. Cincuenta a setenta y cinco por ciento de la gente con anorexia o bulimia nerviosa tienen historia de depresión, y más de 50% de la gente con el trastorno de comer en exceso tienen síntomas de depresión.

Anorexia nerviosa. La gente con anorexia nerviosa se ve a sí misma obesa incluso si su peso está por debajo de lo normal y hace todo lo posible para mantener un peso bajo. Come muy poco y puede hacer ejercicio compulsivamente, hasta el punto de la inanición. Pueden resultar complicaciones médicas graves y la muerte. Los signos y síntomas de la anorexia nerviosa incluyen:

- Resistencia a mantener un peso saludable
- Temor irracional de aumentar de peso, aunque su peso esté por debajo de lo normal
- Perspectiva irreal de la forma y tamaño del cuerpo
- Negación de la gravedad de un peso bajo
- En las mujeres, periodos menstruales infrecuentes o ausentes

Bulimia nerviosa. La bulimia nerviosa implica comer grandes cantidades de alimentos en un corto periodo (comilonas) para eliminar luego el alimento a través del vómito, enemas, laxantes y diuréticos. La gente con este trastorno puede también hacer ejercicio compulsivamente. Entre las comilonas y eliminar el alimento, la gente con bulimia nerviosa generalmente restringe la cantidad de comida. Los sentimientos de disgusto y vergüenza relacionados con la enfermedad pueden precipitar más episodios de bulimia, que llevan al desarrollo de un círculo vicioso. La eliminación excesiva de alimento causa cambios en la química del cuerpo y puede producir complicaciones médicas graves o incluso la muerte.

Trastorno de comer en exceso. Una comilona implica una pérdida de control sobre su comportamiento para comer, lo que ocasiona el consumo de cantidades excesivas de alimento en un corto periodo. El trastorno no es el mismo que un episodio ocasional de comer en exceso cuando come fuera de casa o disfruta su alimento favorito. El trastorno de comer en exceso se define como por lo menos dos episodios por semana en un periodo de seis meses. A diferencia de la bulimia nerviosa, una comilona no es seguida de la eliminación del alimento o de ejercicio excesivo. El aumento de peso, la baja autoestima y otros efectos no saludables por comer grandes cantidades de alimentos ricos en grasas y en azúcar pueden resultar en complicaciones médicas graves.

Algunos rasgos específicos tienden a estar relacionados en los diferentes trastornos de la alimentación. La gente que tiene anorexia nerviosa tiene mayor probabilidad de ser perfeccionista, mientras que la gente con bulimia nerviosa tiene más probabilidad de ser impulsiva. Los que comen excesivamente, así como la gente con bulimia nerviosa, tienden a preocuparse por el peso y la imagen corporal y, en forma similar a la gente con anorexia nerviosa, a menudo tienen altos estándares personales. Las adolescentes y mujeres jóvenes constituyen 90% de los casos de anorexia y bulimia nerviosa. Estos trastornos de la comida pueden ocurrir también en mujeres y hombres mayores, pero con poca frecuencia. El trastorno de comer excesivamente, por otro lado, es más frecuente en mujeres adultas con sobrepeso.

En general, los trastornos de la alimentación, como la depresión, involucran a menudo una compleja interrelación de factores médicos, psicológicos y sociales. Los estudios indican que la severidad de su trastorno de la alimentación puede estar estrechamente relacionado con la severidad de su depresión, y muestran que tratar la depresión ayuda a aliviar los síntomas de anorexia o bulimia y reduce la frecuencia de comilonas. Los antidepresivos pueden ser un tratamiento eficaz para la bulimia nerviosa incluso si no está deprimido. Un estudio reciente sugiere fuertemente que la bulimia nerviosa puede estar relacionada con los cambios en la actividad del neurotransmisor serotonina.

Finalmente, tratar la depresión puede ayudar a mejorar el estado de ánimo y las perspectivas, pudiendo concentrarse en superar el trastorno de la alimentación. Es importante tratar los trastornos de la alimentación tempranamente, antes que el patrón abusivo de la alimentación se arraigue y sea más difícil de superar.

Trastorno corporal dismórfico y depresión

El trastorno corporal dismórfico se caracteriza por una preocupación angustiante de un defecto real o imaginario en su apariencia. La gente con este trastorno se consume tanto por una imagen falsa de sí mismos que tienen dificultad para funcionar, y pueden incluso considerar el suicidio. El trastorno se acompaña a menudo de depresión.

Desafortunadamente la gente con el trastorno corporal dismórfico oculta a menudo su preocupación a los demás porque siente vergüenza y desconcierto por su trastorno. Aun cuando puede estar en tratamiento para la depresión, su trastorno no se diagnostica a menudo. Hasta que se reconoce y se trata, los esfuerzos por tratar únicamente la depresión en su mayoría no tienen éxito.

El trastorno corporal dismórfico responde generalmente mejor a un enfoque de tratamiento combinado que incluye medicamentos antidepresivos. Puede tardar más tiempo tratar eficazmente la depresión y el trastorno corporal dismórfico combinados que la depresión sola. Puede requerir también una dosis mayor de medicamento que la que se prescribe generalmente para la depresión sola.

Trastornos de personalidad y depresión

Los trastornos de personalidad se desarrollan con mayor frecuencia en la vida adulta joven. Los individuos con trastornos de personalidad tienen generalmente un patrón de comportamiento de larga evolución que frecuentemente involucra dificultades para relacionarse con otras personas. Hay varios tipos de trastornos de personalidad. El trastorno de personalidad limítrofe (TPL) y el trastorno de personalidad dependiente son los dos trastornos de personalidad más frecuentemente asociados con la depresión.

Trastorno de personalidad limítrofe. La gente con TPL tiene un patrón de inestabilidad en muchos niveles —en sus relaciones, en su autoimagen y en su estado de ánimo. A menudo amenaza e intenta autolastimarse o suicidarse. Algunos se mutilan rasguñándose, cortándose o quemándose con un objeto caliente. En breve, la vida de la gente con TPL puede describirse como un viaje accidentado en una montaña rusa emocional. Su comportamiento se ha descrito como predeciblemente impredecible, o caracterizado por una inestabilidad estable. Un individuo con trastorno de personalidad limítrofe puede:

- Tener dificultad para controlar sus emociones e impulsos
- Presentar altas y bajas frecuentes
- Actuar impulsivamente
- Cambiar de un estado de ánimo a otro
- Tener relaciones tormentosas
- Enojarse intensamente e involucrarse en peleas físicas
- Pensar sólo en términos de negro o blanco, bueno o malo
- Sentirse a menudo vacío por dentro
- No querer estar solo

La depresión grave y la ansiedad a menudo coexisten con el TPL. La psicoterapia —generalmente una variación de la terapia del comportamiento cognoscitivo— es el pilar del tratamiento del TPL. La terapia está diseñada para disminuir y eliminar los comportamientos no saludables y ayudar a la gente a aprender a adaptarse mejor a las circunstancias de la vida. Los antidepresivos, posiblemente combinados con otros medicamentos psiquiátricos, pueden prescribirse cuando una depresión o ansiedad significativa acompaña al TPL.

Trastorno de personalidad dependiente. La gente con este trastorno tiene una fuerte necesidad emocional de cuidados, que típicamente produce un comportamiento pasivo, sumiso y dependiente. El trastorno de personalidad dependiente empieza generalmente en la vida adulta temprana e incluye muchos de estos signos y síntomas:

- Sienten una de necesidad extrema de ser cuidados
- Se sienten incapaces de llevarse bien con los demás sin ayuda
- Necesitan que los demás los tranquilicen constantemente
- Tienen dificultad para tomar decisiones sin ayuda considerable de los demás

- No están en desacuerdo con los demás por temor a que los desaprueben
- No pueden iniciar proyectos o hacer cosas por sí mismos
- Hacen todo lo posible para obtener atención y apoyo de los otros, incluso hasta el punto de ofrecerse voluntariamente a realizar tareas desagradables
- Se sienten desamparados cuando están solos
- Buscan frenéticamente a otra persona a la cual recurrir cuando terminan una relación estrecha
- Se preocupan con temores de tener que cuidarse ellos mismos

Decirlo como es

Se requiere más investigación para comprender mejor las múltiples complejidades de los trastornos combinados y la mejor forma de tratarlos. Aunque los trastornos combinados son frecuentes, la mezcla y la intensidad de los síntomas pueden presentar retos y obstáculos que requieren un diagnóstico cuidadoso y preciso. Una forma en que puede ayudarse a usted mismo es ser honesto y directo cuando discute sus síntomas con el que le proporciona los cuidados de la salud. Esto puede ayudar mucho a reconocer ambos trastornos y determinar el mejor enfoque de tratamiento.

Parte 4

Cómo vivir con una persona deprimida

Capítulo 15

Suicidio y cómo enfrentarlo

Miles de personas se suicidan cada año, y se calcula que una cantidad 10 a 20 veces mayor intenta suicidarse. En Estados Unidos, la tasa de suicidios es mayor que la de homicidios. Por cada dos personas que mueren por homicidios, tres mueren por suicidios.

Aproximadamente 9 de cada 10 personas que se suicidan tienen una o más enfermedades mentales, con mayor frecuencia depresión. Una estadística que se cita a menudo es que 15% de la gente con depresión se suicida. Sin embargo, un estudio reciente de la Clínica Mayo sugiere que la tasa real puede ser menor. Los investigadores encontraron que la tasa de suicidios en la gente que recibe tratamiento para la depresión varía entre 2 y 9%. La gente con el riesgo más elevado son los hospitalizados recientemente por un intento de suicidio. Los que tienen el menor riesgo son los individuos tratados en forma ambulatoria. Otros estudios indican que la gente con depresión no tratada tiene una tasa más elevada de suicidios que la gente que recibe tratamiento. En pocas palabras, mientras más severa es la depresión —especialmente si no es tratada o si es tratada inadecuadamente— mayor es el riesgo de suicidio.

¿Quién está en riesgo?

Es imposible predecir con certeza quién se quitará la vida o lo intentará. Esto se debe a que el suicidio es un comportamiento complejo. Muchos factores médicos, psicológicos y sociales, como la depresión, el abuso de sustancias, una crisis personal y la disponibilidad de armas de fuego o de un número letal de drogas, puede colocar a una persona en riesgo de suicidio. La respuesta a estos factores de riesgo varía de manera importante de persona a persona.

Para disminuir el riesgo de suicidio, es importante ser consciente de factores clave asociados a su ocurrencia. Un ser querido puede estar en riesgo de suicidio si:

Está deprimido. Más de la mitad de la gente que se suicida tiene una forma de depresión, como la depresión mayor o el trastorno bipolar.

Ha tenido intentos de suicidio previos. Entre 20% y 50% de la gente que se quita la vida lo ha intentado antes.

Abusa del alcohol o de las drogas. El abuso de sustancias puede llevar a desempleo, mala salud y poco o ningún apoyo emocional — que son factores de riesgo de depresión. El alcohol y las drogas pueden agravar la depresión alterando el juicio y haciendo que la gente actúe por impulso.

Tiene historia familiar de suicidio. Un estudio patrocinado por el Instituto Nacional de Salud Mental de Estados Unidos mostró que una de cada cuatro personas que intenta el suicidio tiene un familiar que hizo lo mismo.

Es hombre. Las mujeres intentan el suicido más a menudo que los hombres, pero los hombres tienen mayor probabilidad de tener éxito. De los más de 30,000 suicidios cometidos en 1998 en Estados Unidos, más de 24,000 fueron hombres. Los investigadores sólo pueden especular sobre la razón por la que la tasa de suicidios es mayor en los hombres. Una posibilidad es que los hombres generalmente usan más medios letales, como armas de fuego, cuando intentan el suicidio. Las mujeres intentan el suicidio más a menudo con sobredosis de drogas o con venenos.

En los hombres, los que tienen el riesgo más elevado son los de raza blanca mayores de 85 años de edad. Su tasa de suicidios es seis veces mayor que el promedio. Es interesante que más de 70% de hombres de edad avanzada que se quitan la vida visitaron al médico el mes anterior, muchos con una enfermedad depresiva que no se detectó (40% vio al médico la semana anterior y 20% el mismo día). La mayoría de hombres de edad avanzada que se suicidan viven solos.

Porque a menudo tienen una salud frágil y muchos de sus seres queridos no viven ya, pueden sentirse aislados, solos y desamparados.

Tiene acceso a un arma de fuego. En Estados Unidos, la mayoría de la gente que se suicida lo hace con un arma de fuego. La disponibilidad de un arma de fuego para una persona deprimida con pensamientos suicidas aumenta el riesgo de suicidio.

Signos de advertencia

A menudo varios signos de advertencia indican que un ser querido puede ir en la dirección equivocada y estar en riesgo de suicidio. Muchos de estos signos de advertencia son también signos de depresión y puede ser difícil determinar si el comportamiento puede ser una advertencia de intención de suicidio o simplemente un síntoma de depresión. Por eso es importante reconocer una posible depresión y obtener ayuda apropiada tan pronto como sea posible.

Amenazas de suicidio. Algunas veces un individuo dice a otros que piensa suicidarse. O la persona puede tratar un enfoque menos directo, como decir a todos que sería mejor si nunca hubiera nacido o si estuviera muerta. La suposición común de que la gente que amenaza con suicidarse no se suicida, no es cierta. Tome sus palabras como un signo de la necesidad de ayuda profesional.

Aislamiento de los demás. La gente en riesgo de suicidio puede estar menos dispuesta a hablar con los demás o puede querer estar sola. Las dificultades en el trabajo o las malas calificaciones en la escuela pueden ser otros signos de aislamiento.

Cambios en el estado de ánimo. Todos tenemos altas y bajas. Pero las fluctuaciones drásticas del estado de ánimo — una alta emocional un día y un desaliento profundo al día siguiente — no son normales.

Cambios de personalidad. Antes que alguien se suicide, a menudo puede usted notar cambios marcados en su personalidad y rutina, como en los patrones de alimentación o sueño. Por ejemplo, un individuo que es tímido se vuelve el centro de la fiesta, o un individuo extrovertido se vuelve aislado.

Comportamiento de riesgo. Las actividades peligrosas no habituales como conducir a alta velocidad, el sexo no seguro y el abuso de drogas pueden ser un signo del deseo de morir.

Crisis personal. Los reveses mayores de la vida, como el divorcio, la pérdida del trabajo o la muerte de un ser querido, pueden ser difíciles de manejar para todos. En la gente deprimida, una crisis como esta puede superarla y precipitar un intento de suicidio.

Desprenderse de sus posesiones. Algunas veces antes de suicidarse un individuo deprimido se desprende de sus posesiones queridas, pensando que no las necesitará más.

Empezar a recuperarse. Sorprendentemente, muchas personas se quitan la vida en los dos o tres primeros meses del inicio de su recuperación de la depresión. Si su familiar o amigo ha estado luchando con la depresión durante meses o años, esta puede ser la primera vez que ve los problemas que la depresión ha causado, o la primera vez que tiene la energía emocional para llevar a cabo una amenaza de suicidio. Si un ser querido no puede superar todavía la desesperanza y los pensamientos negativos que acompañan a la depresión, estos sentimientos, combinados con una energía aumentada, pueden llevar a un intento de suicidio.

Cómo manejar los pensamientos y acciones suicidas

Los familiares y amigos deben tener en cuenta que no todo el que piensa en el suicidio lo intenta. Pero es importante tomar en serio cualquier mención del suicidio, especialmente si usted sabe o sospecha que la persona está deprimida. La mejor forma de encontrar si un ser querido tiene pensamientos o intenciones suicidas es preguntar. No tema plantar la idea o empujar a la persona a algo que no tenía intención de hacer. Lo que usted hace es ofrecer una oportunidad de hablar y, si su ser querido tiene pensamientos suicidas, discutir el dolor y la negatividad que alimentan sus pensamientos. Esto puede ayudar a disminuir el riesgo de suicidio. Tenga en cuenta que su tarea no es convertirse en el terapeuta sino más bien transmitir su preocupación y hacer que su ser querido tenga el cuidado médico apropiado si es necesario. Cuando hable del suicidio, hágalo directamente. Aquí están algunas preguntas para formular:

- ¿Está pensando en morir?
- ¿Está pensando en hacerse daño?
- ¿Cómo y cuándo lo haría?

Hospitalización no voluntaria

La hospitalización no voluntaria no es frecuente, pero puede ocurrir. Es un procedimiento legal utilizado cuando una persona tiene riesgo de lastimarse o lastimar a otros y rechaza el tratamiento. Una persona con depresión severa puede ser hospitalizada en contra de su voluntad para valoración o tratamiento si:

- Ha hecho un intento de suicidio
- Tiene pensamientos persistentes de suicidio con un plan para llevarlo a cabo
- No es capaz de proporcionar las necesidades básicas para sí misma, incluyendo no recibir nutrición adecuada ni tomar las medidas de salud apropiadas

En la mayoría de los estados una persona puede ser hospitalizada por un tiempo limitado contra su voluntad para evaluación psiquiátrica con una orden de la corte o con una orden de un médico. Si la evaluación encuentra causa de preocupación y la persona rechaza el tratamiento, se puede buscar una sesión en la corte para determinar si — a consideración de la corte — el individuo está mentalmente enfermo y necesita tratamiento. Si la corte determina que este es el caso, puede ordenar internarlo en contra de su voluntad para tratamiento mental. Sin una orden de la corte un individuo no puede ser hospitalizado contra su voluntad, excepto en una emergencia y por un breve tiempo.

Para mayor información respecto al internamiento en contra de la voluntad, contacte a su agencia local de servicios sociales o a un centro local de salud mental.

Al discutir el suicidio no prometa confidencialidad, incluso si piensa que es la única forma de hacer que la persona hable. Para obtener ayuda profesional, puede tener que compartir la información con otros. Si promete no decirlo y tiene que romper su promesa, traiciona la confianza de la persona y posiblemente reduce su capacidad para ayudar en el futuro.

En presencia de un posible suicidio, brinde apoyo y comprensión y tome las acciones preventivas necesarias. Retire o asegure las armas de fuego, navajas y cualquier otra cosa que pueda utilizarse en un intento de suicidio. Puede usted querer controlar el uso de los medicamentos.

En presencia de una amenaza inminente, haga lo que sea necesario, incluso si esto significa llamar a la policía u obtener ayuda profesional contra su voluntad.

Sobrevivientes del suicidio: los que se quedan

Se calcula que en promedio cada suicidio deja por lo menos seis personas profundamente afectadas por la muerte. En Estados Unidos esto significa cerca de 200,000 personas al año que sufren una de las formas más dolorosas de aflicción que existen. A los familiares, amigos y compañeros de trabajo que quedan en el periodo que sigue al suicidio se les llama comúnmente sobrevivientes del suicidio.

Cuando una persona se suicida —o lo intenta— la familia y los amigos cercanos de esa persona están a menudo devastados y sufren un dolor intenso y persistente. Los sobrevivientes del suicidio pueden sufrir pesadillas repetidas, vuelven a ver la escena del suicidio y pueden evitar a la gente y los lugares que les recuerdan el suicidio. Algunos sobrevivientes pierden el interés en las actividades que disfrutaban y se vuelven emocionalmente insensibles — sintiéndose incapaces de amar. Más allá del duelo, los sobrevivientes del suicidio pueden deprimirse o desarrollar otra enfermedad mental debida al estrés severo.

Emociones frecuentes

Si es un sobreviviente del suicidio, puede haber presentado una o más de las siguientes reacciones. Estas emociones generalmente desaparecen con el tiempo, pero el proceso puede durar semanas o meses. Las emociones pueden repetirse también de vez en cuando, especialmente en un día de fiesta especial, como el cumpleaños o un aniversario que le recuerda a su ser querido.

Choque. El choque es típicamente su primera reacción, junto con insensibilidad emocional. Puede usted no creer lo que ha pasado. Siente como si estuviera viviendo la pesadilla de otra persona.

Confusión. Sólo una tercera parte de la gente que se suicida deja notas. Pero incluso las notas pueden proporcionar sólo respuestas parciales sobre por qué su ser querido sintió la necesidad de quitarse la vida. Darse cuenta que es posible que nunca conozca la respuesta es parte del proceso de curación.

Aflicción. Puede usted llorar a menudo y fácilmente. Las lágrimas son una expresión honesta de cómo se siente por haber perdido a un ser querido.

Desesperación. Los sentimientos de tristeza y pérdida pueden afectar su apetito, sueño, nivel de energía y relaciones. Esto puede llevar a depresión.

Enojo. Puede estar furioso contra un médico, familiar, amigo o usted mismo por no haber visto que venía el suicidio. Puede sentirse enojado hacia su ser querido que se suicidó por lastimar a tanta gente. Sentir y expresar este enojo es parte también del proceso de curación.

Culpa. Los "si hubiera" regresan para perseguirlo. Si hubiera notado los signos de advertencia, contactado a un médico o insistido en que su ser querido obtuviera ayuda. Con el tiempo se dará cuenta de que no fue su culpa.

Buscar ayuda

Es bastante frecuente que los sobrevivientes del suicidio desarrollen una enfermedad mental, especialmente depresión. Puede también presentar reacciones intensas similares al trastorno de estrés postraumático que puede producir pesadillas aterradoras, hacer que tema expresar emociones de ternura y alejarlo de la gente y lugares que antes disfrutó, porque le recuerdan a su ser querido.

Si tiene problemas para manejar la pérdida, no dude en buscar ayuda con el médico o con un profesional de salud mental. De otro modo puede no mejorar y desarrollar otros problemas. El consejo o la psicoterapia pueden ayudarlo a enfrentar la crisis que está sufriendo. Los grupos de apoyo de otros sobrevivientes del suicidio pueden ayudarlo también a encontrar su camino a través del laberinto de emociones y cambios físicos que puede estar presentando. El consejo o los grupos de apoyo guiados por profesionales entrenados son especialmente importantes si no tiene la ayuda adecuada de familiares y amigos.

Muchos sobrevivientes del suicidio no aceptan buscar ayuda porque piensan que es un signo de debilidad. Pero es exactamente lo opuesto. Buscar ayuda cuando la necesita es un signo de fortaleza. Es un signo de que se está haciendo cargo del problema porque quiere recuperar su vida otra vez.

Cómo aprender a enfrentar

Puede no recuperarse nunca del suicidio de un ser querido y puede sentir siempre la pérdida. Sin embargo, con el tiempo y la ayuda de otros, el dolor de la pérdida empieza a disminuir. Para ayudar a la curación, considere estas sugerencias:

- Los días en que se siente triste o necesita descargar sus sentimientos, hable con un familiar o un amigo que sepa escuchar.

- Manténgase en contacto con sus familiares y amigos. Es tentador retirarse de las personas cercanas a usted, pero necesita mantener sus conexiones sociales. Los amigos y familiares pueden ayudar también a distraer su atención en otras cosas.

- En las ocasiones especiales, como cumpleaños y días de fiesta que usted celebraba con la persona que se suicidó, permita que aflore la aflicción. No contenga sus sentimientos. Si lo ayuda a sentirse mejor, cambie algunas tradiciones familiares que encuentra demasiado dolorosas.

Finalmente, recuerde este hecho importante: está bien empezar a reír y disfrutar de la vida de nuevo. No tiene que probar que amaba a la persona manteniendo siempre su dolor. El pesar y las lágrimas son una forma de honrar a un ser querido. Retomar su vida y seguir adelante es otra forma de honrarlo.

Capítulo 16

El papel de la familia y los amigos

L a depresión no sólo afecta a los que la tienen, sino también a los que se preocupan por ellos y los quieren — familiares, amigos y compañeros de trabajo. Si alguien a quien usted quiere está deprimido, una de las cosas más importantes que puede hacer por usted y por esa persona es conocer todo lo que pueda sobre la depresión y su tratamiento. Si la persona que está deprimida es uno de los padres, uno de los cónyuges, un compañero, un hijo o un amigo querido, estar informado ayuda a su deseo y capacidad para ayudar, alivia algo de sus temores e incertidumbres, y le da estrategias para enfrentar la situación.

Pasar a través de un episodio de depresión con otro individuo puede ser una experiencia muy difícil. Requiere paciencia y ánimo de ambas partes. Aquí están algunas cosas que puede usted hacer para ayudar a suavizar el camino — para ambos.

Estar ahí

Si nunca ha sufrido un episodio depresivo, es imposible saber lo inútil, desamparada y sin esperanzas que puede sentirse una persona durante la depresión. Un comentarista de radio, Mike Wallace, que tuvo varios episodios de depresión escribió en el prólogo del libro de Anne Sheffield *How You Can Survive When They're Depressed* (Cómo puede sobrevivir cuando otros están deprimidos): "Es difícil hacer que otros comprendan lo profundamente desesperado que puede hacerlo sentir la depresión, lo

173

perdido, lo falto de voluntad, lo sombrío. Y no hay ninguna luz al final del túnel". Pero incluso si no sabe qué se siente al estar deprimido, puede ofrecer comprensión y compasión a alguien que lo está. Simplemente estando ahí para esa persona puede hacer la diferencia en el curso de la enfermedad.

Para poder ayudar debe comprender que la depresión es una enfermedad seria que requiere atención profesional. La depresión no es resultado de un defecto del carácter. No es pereza. No es simplemente un caso de tristeza. Y la gente deprimida no está simulando y no puede salir de su depresión, como los individuos con diabetes o artritis no pueden salir de su enfermedad.

Cómo ofrecer apoyo

Una vez que comprende que la depresión no es algo que un ser querido pueda controlar, puede ser más fácil ofrecer apoyo y cariño. Aquí están algunas formas en las que puede ayudar:

Exprese su preocupación. Reconozca el dolor de la persona deprimida sin implicar que usted sabe cómo se siente. Escuche si la otra persona quiere hablar, pero no trate de sonsacarla y no haga preguntas indiscretas. El aislamiento y la falta de comunicación es a menudo parte de la enfermedad. No lo tome personalmente.

Pregunte cómo puede ayudar. Un ser querido puede no tener sugerencias específicas de las cosas que puede usted hacer, pero sabrá que está dispuesto a apoyarlo.

Ofrezca esperanza. Recuerde a la persona que la depresión es tratable, y que probablemente mejore. Su ser querido se encuentra en tratamiento, recuérdele con delicadeza que se necesita tiempo para que el tratamiento funcione.

Proporcione refuerzo positivo. La gente deprimida a menudo se siente inútil e insiste en sus faltas y limitaciones. Recuerde a su ser querido sus fortalezas y competencias y lo mucho que significa para usted.

Mantenga el sentido del humor. Probablemente se sentirá frustrado e incluso enojado algunas veces. Está bien, pero trate de no desahogarse enfrente de la persona que está deprimida y no descargue su enojo en ella. Use el humor cuando sea posible para disipar la tensión y aligerar la atmósfera, pero no haga chistes a expensas de su ser querido.

Aliente comportamientos y actividades saludables. Invite a su ser querido a unirse a usted en las actividades o a visitar familiares o amigos mutuos. Pero no presione y no espere mucho demasiado pronto. También recuerde con delicadeza a la persona la importancia del ejercicio y de una alimentación saludable.

Cómo manejar la resistencia

Algunas veces convencer a una persona deprimida de que tiene una enfermedad y necesita ayuda profesional requiere esfuerzo. En lugar de preguntar, "¿Está deprimido?" o decir, "Pienso que está deprimido", explique delicadamente por qué está usted preocupado. Sin ser crítico, describa los cambios que ha visto en su comportamiento y estado de ánimo. Luego pregunte si está pasando algo y por qué se siente triste.

Puede requerir varios intentos antes de convencer a su ser querido para que busque ayuda, pero siga intentando. Ofrezca acompañarlo a la cita. Esto no sólo muestra su apoyo sino que le permite compartir sus observaciones con el médico, que podrían ayudar en el diagnóstico. Otra opción es llamar o reunirse anticipadamente con el médico y expresar sus preocupaciones.

Durante el tratamiento puede tener que ayudar con el régimen de medicamentos mediante recordatorios o, en algunos casos de depresión severa, administrando las dosis como se prescribieron para asegurar que el medicamento se toma correctamente. Si ve signos de mejoría —y podría ser el primero en notarlos— comparta sus observaciones para ofrecer aliento y esperanza. Si no ve signos de mejoría después que el tratamiento ha tenido tiempo para funcionar, sugiera que su ser querido haga otra cita con su médico o terapeuta, o tal vez busque una segunda opinión.

Cómo soportar la carga

Mucha gente puede preocuparse por un individuo deprimido, pero para una o dos personas que son las que proporcionan los cuidados, la depresión puede cobrarles mucho más. Hacerse cargo de una persona deprimida puede ser uno de los retos más grandes que enfrente. La gente deprimida puede aislarse, ser desagradable y no estar dispuesta a comunicarse. Pueden ver sus acciones y preocupaciones como interferencias o como inútiles.

En el prólogo de "Cómo puede sobrevivir cuando otros están deprimidos", así describe Mike Wallace lo que Mary, su compañera entonces y ahora su esposa, experimentó durante su depresión:

Era una compañía desagradable para casi cualquiera que se acercara, pero especialmente para Mary, quien tenía que aguantar mi tristeza y mal genio. ...Y no hay forma de describir apropiadamente la angustia que un deprimido puede imponer a su familia. Melancolía, fatalidad, falta de amor, falta de comunicación real, mal genio, y deseos de estar solo. Por qué no se deshacen más matrimonios en estas desoladas circunstancias es un misterio, porque usted sabe en lo profundo de su ser el daño que está haciendo a los que más quiere, los que tienen que pasar por esto con usted y sufrir las consecuencias de la depresión, y sin embargo se siente incapaz de hacer algo para aligerarles la carga.

Los cónyuges y seres queridos de una persona deprimida no sólo enfrentan las responsabilidades de los cuidados, sino también a menudo las tareas que la persona deprimida no puede manejar. Por ejemplo, si su cónyuge generalmente se hace cargo de todos los asuntos económicos, es posible que usted tenga que hacerse cargo hasta que mejore.

¿Es demasiada la tensión?

Mientras cuida a un ser querido, puede sentir que la vida está suspendida. Sin embargo, es importante que se haga cargo también de usted mismo. La Asociación de Alzheimer ofrece estos 10 signos de estrés del que proporciona los cuidados. Aunque están dirigidos a la gente que cuida a una persona con enfermedad de Alzheimer, son igualmente apropiados para los individuos que cuidan a un ser querido que está deprimido.

Negación. No acepta la enfermedad y sus efectos sobre su ser querido, sobre usted y su familia.

Enojo. Se encuentra enojado con la persona que está enferma, con otros que no entienden por lo que usted está pasando, con el médico por no solucionar el problema o simplemente con el mundo en general.

Aislamiento social. Disminuye las actividades que le proporcionaban placer y se retira de sus amigos.

Ansiedad. Se preocupa excesivamente de lo que pasará día a día y en el futuro.

Depresión. El estrés de cuidar a un ser querido lo coloca en riesgo de depresión.

Agotamiento. Se siente demasiado cansado para enfrentar otro día más.

Falta de sueño. En la noche se agita y se preocupa, incapaz de dormir debido a los miles de pensamientos inquietantes que pasan por la mente.

Irritabilidad. Habla con brusquedad a los demás o siente que sube por las paredes.

Falta de concentración. Tiene dificultad para mantener la atención en lo que está haciendo y para realizar las tareas de cada día.

Problemas de salud. El estrés empieza a cobrar su precio, física y mentalmente.

Cómo cuidarse a sí mismo

La forma en que maneja la situación y cuida también de usted mismo durante este difícil periodo puede hacer toda la diferencia en su salud y en su capacidad para enfrentar la depresión de un ser querido. Atender sus propias necesidades no es ser egoísta. Cuidar su propia salud puede proporcionar un mayor cuidado para su ser querido. Los siguientes pasos pueden ayudarlo a manejar y aliviar el estrés:

Busque ayuda. No puede hacerlo solo. Cuando sea posible pida ayuda a familiares y amigos para que tomen algunas de sus responsabilidades. Si la gente ofrece ayuda, no dude en aceptarla. Si la gente no la ofrece, pídale que le ayuden en tareas específicas.

Acepte sus sentimientos. Indudablemente se frustrará algunas veces y no siempre podrá ocultar sus emociones. Está bien decir a su ser querido que está usted frustrado. Recuerde, sin embargo, que hay una diferencia entre decir, "Estoy harto de tí", y decir "Te amo, pero algunas veces necesito tiempo para mí mismo". Expresar los sentimientos en esta forma puede ayudar también a disminuir el sentimiento de culpa por tenerlos. Como su ser querido que está deprimido, puede usted presentar también sentimientos de pérdida y pesar. Estas reacciones son normales.

Busque consejo y apoyo. Hable con un amigo de confianza o un familiar, o busque consejo y tratamiento con un profesional. Compartir los sentimientos puede ser tremendamente terapéutico. Podría unirse a un grupo de apoyo para obtener apoyo emocional, información útil y consejo.

Para encontrar un grupo de apoyo adecuado para usted, contacte al médico de su ser querido, a una asociación local de salud mental, a un clérigo o a un hospital local. Puede contactar también a las organizaciones de salud mental en el lugar donde vive. Al final de este libro se encuentra una lista de asociaciones en Estados Unidos que pueden brindar ayuda (ver página 185).

Reserve tiempo para usted. Cuando un familiar está deprimido, el foco de toda la familia tiende a desplazarse hacia esa persona. No ignore sus propias necesidades. Coma bien, haga ejercicio y tenga suficiente descanso. Vaya a reuniones sociales y haga las cosas que disfruta. Muchas de las estrategias de autoayuda discutidas en el Capítulo 10 pueden beneficiar a los que proporcionan los cuidados, así como a los que se están recuperando de la depresión.

Un acto de equilibrio

Vivir con alguien que está deprimido no es fácil. La situación puede ponerse todavía más difícil si tiene que cuidar a otros. Recuerde que usted es solamente una persona y que no puede hacerlo todo. Solicitar ayuda a otros o tomar el tiempo para usted no es un signo de debilidad. Si siente estrés, está cansado o desarrolla problemas de salud, será menos capaz de ayudar a su ser querido.

Finalmente, siga diciéndose que hay una luz al final del túnel. Con tratamiento apropiado, la mayoría de la gente que tiene depresión se recupera. Mejores días pueden estar en el horizonte.

Cómo enfrentar y superar la depresión: una historia personal

David Plevak no escogió la carrera de la Fuerza Aérea como su padre; en su lugar se convirtió en médico. Pero llevó el credo del soldado al campo de la medicina crítica — deber, disciplina y esfuerzo incesante. Para él, fue un llamado que no dejó ningún espacio para debilidades personales.

Por lo tanto, la idea de que algún día pudiera estar tendido en la cama por la depresión no sólo era extraña, sino vergonzosa. "Yo pensaba que la gente que tenía un trastorno mental no era tan fuerte", dice. "Tendía a despreciarlos y considerar que deberían controlarse mejor".

Grandes expectativas

Durante años, nada lo detenía. Durante su infancia la familia Plevak viajó con los militares, viviendo incluso en Japón durante un tiempo. Cuando estaba en la escuela secundaria, la familia se asentó en el Medio Oeste. Cursó biología en la Universidad Marquette de Milwaukee, y se graduó en el Colegio Médico de Wisconsin. Para la residencia, el periodo de entrenamiento médico después de la escuela de medicina, seleccionó no uno, sino dos campos —medicina interna y anestesiología— en la Clínica Mayo de Rochester, Minnesota.

Desde el principio tuvo episodios de ansiedad, falta de energía y falta de sueño, pero se obligó a seguir adelante. "No soy la persona más inteligente del mundo, pero siempre pude compensar mi falta de dones intelectuales estudiando duro y trabajando duro", dice. "Hice eso en la escuela primaria, en la escuela secundaria, en la preparatoria, en la facultad de medicina y en la residencia".

El sentido del deber se fortalecía por su convicción de que había sido llamado por la Providencia para curar. "Tenía un sentimiento y amor genuino por los pacientes, un conocimiento profundo en mi corazón de que eso haría toda mi vida", dice.

'Dos tipos de enfermedad'

La enfermedad mental no entraba en el concepto de enfermedad de Plevak. Ciertamente su entrenamiento médico en la década de 1970 y 1980 reforzó su convicción de que había dos tipos de enfermedades: trastornos "orgánicos" que se originan en alteraciones del cuerpo y trastornos "no orgánicos" de la mente que eran cuestión de autocontrol y voluntad.

Después de la residencia buscó entrenamiento avanzado, pero no en medicina interna, en la que las molestias y dolores se ven a menudo influenciados por el estado de la mente. Fue atraído a la medicina crítica, en donde es fácil ver pruebas tangibles de enfermedades o lesiones que ponen en peligro la vida. Un tubo introducido en una arteria ayuda a diagnosticar un corazón que está fallando. Una radiografía del tórax confirma la neumonía.

"Estas eran enfermedades 'reales' que podía palpar y hacer alguna intervención definida", dice Plevak. "Me gustaba la idea de que la gente estaba realmente enferma y que no estaba fingiendo. No había muchos problemas psicológicos o psicosomáticos".

Vigilancia

Pero incluso cuando Plevak dominó las nuevas habilidades no podía relajarse. Temía que pudiera hacer daño a algún paciente olvidando algo, pasando por alto un diagnóstico o prescribiendo el medicamento equivocado. También sintió la presión de brillar con sus superiores y mostrar que tenía lo necesario no sólo para ser un buen clínico sino con potencial para la investigación y administración.

La presión no disminuyó cuando terminó su entrenamiento y se convirtió en un médico de la Clínica Mayo. Desarrolló una rutina. A las 5:30 de la mañana conducía al gimnasio, en donde, dice él, "hacía ejercicio hasta el agotamiento". Luego se presentaba para todo un día de trabajo. Administraba anestesia en la sala de operaciones o supervisaba la unidad de cuidados intensivos. Enseñó a los jóvenes residentes, hizo investigación y publicó sus hallazgos en revistas médicas.

El trabajo era estimulante y obtuvo reconocimiento. "Se siente uno excitado y feliz de estar en la Clínica Mayo y de ser realmente un buen médico y publicar la investigación médica", dice. "Los residentes le hacen saber a uno que es un buen maestro. Se reciben muchos elogios, y es muy emocionante convertirse en un miembro de organizaciones nacionales e internacionales. Todos esto es muy seductor".

Un precio mayor

En este tiempo Plevak tenía esposa e hijos, pero sus responsabilidades en el trabajo absorbían gran parte de su atención. "Era difícil a veces para mí estar presente con mi familia", dice. "Era difícil para mi dejar el trabajo, y seguía pensando en él en la casa".

Trató de manejar la tensión compartamentalizando su vida en el hogar. "La vida personal es algo que usted hace cuando ha terminado todo lo demás" dice. "Piensa uno, 'Este es todo el tiempo que puedo yo invertir en mí y en mi familia". Estaba crónicamente cansado. Algunas veces se reactivaba su dolor de espalda, forzándolo a disminuir sus actividades. "Lo odiaba porque parecía detenerme", dice. "Iba a toda velocidad y no me gustaba disminuir el paso".

En un verano el dolor de espalda lo sorprendió otra vez mientras enfrentaba fechas de entrega de publicaciones y la organización de dos conferencias médicas. Esta vez el medicamento y el reposo no tuvieron efecto. La fisioterapia falló. El dolor progresó al peor dolor de espalda que había tenido y debía estar inmóvil y acostado. "La inactividad era tan extraña", dice. "Perdí el estímulo que recibía de hacer ejercicio vigoroso, de cuidar a los pacientes en situaciones críticas, de enseñar, todas esas cosas que me gustaba hacer".

Sin su rutina diaria, Plevak no sabía cómo llenar sus días. "Estaba en casa, en un sofá y no podía moverme", dice. "No sabía realmente cómo actuar en la casa. No sabía cuál era mi lugar. Nunca había pasado tanto tiempo en la casa. Siempre estaba fuera haciendo algo más grande y mayor que estar en la casa". Siempre había basado su valor propio en ser productivo. "Perdí la sensación de quién era yo", dijo.

Diagnóstico sorprendente

Los estudios mostraron la protrusión de un disco en la columna vertebral de Plevak que estaba presionando en el canal raquídeo. Aunque la mayoría de casos de dolor de espalda por la protrusión de un disco se resuelven con reposo, medicamentos y fisioterapia, él estaba convencido de que una operación era la respuesta y consultó con un neurocirujano. Pero el cirujano lo envió con un neurólogo, un especialista en el tratamiento sin cirugía de los trastornos de los nervios.

Plevak describió sus síntomas —dolor de espalda con irradiación a ambas piernas y ardor en los pies. Esperaba que el neurólogo llamara a otro cirujano, pero sus síntomas no se conformaban con un patrón neurológico típico. En su lugar, el neurólogo llamó a la esposa de Plevak. Plevak se molestó cuando la conversación cambió a su estado de ánimo, apetito y nivel de energía —una búsqueda de los signos y síntomas de depresión. Un psiquiatra lo entrevistó. Plevak admitió que había estado irritable, fatigado, aislado, con dificultad para comer, dormir y concentrarse. Se le persuadió a ingresar en el hospital para tratamiento por depresión grave.

Revaloración

Plevak estaba aturdido por encontrase como paciente en un pabellón psiquiátrico. "He aquí a una persona que había tratado de evitar cuidar a la gente con enfermedades mentales haciendo una residencia en medicina crítica aguda", dice. "Ahora estaba yo viviendo con una enfermedad mental. Ciertamente tenía una enfermedad mental y debía enfrentarla".

Se le administraron medicamentos antidepresivos y se inició psicoterapia. Al principio se identificó más con los miembros del equipo de cuidados de la salud en el pabellón psiquiátrico que con los pacientes. Al pasar el tiempo, su actitud cambió. "Cambié, de ser parte del grupo de trabajadores de cuidados de la salud a formar parte del grupo de pacientes, estando con ellos, comiendo con ellos y hablando con ellos respecto a su frustración".

Luchó por aceptar su enfermedad. "Despertaba todas las mañanas en el hospital y sólo lloraba", dice. "No podía creer lo que me había pasado. ¿Cómo podía haber caído tan bajo? Lo consideré como una verdadera vergüenza y desilusión de mí mismo".

Su familia y sus amigos no fueron tan severos. Venían tantas visitas que tuvieron que imponerse límites. Su apoyo lo ayudó a cambiar su percepción de él mismo. "Me di cuenta que me querían no por lo que era capaz de lograr, sino por lo que yo era", dice.

Plevak encontró respiro en actividades fuera del trabajo. "No sentí que tuviera que lograr algo todos los minutos del día". Empezó a ver que incluso sus creencias religiosas habían sido dominadas por el sentimiento de que él debía producir. Su mejor amigo, un ministro, lo ayudó a cambiar este punto de vista. "Me di cuenta de que en mi fe no siempre necesitaba estar haciendo algo para que Dios me amara y que Dios me amaría incluso en esta penosa condición", dice.

Un nuevo enfoque

Después de tres semanas el estado de Plevak mejoró lo suficiente para salir del hospital dejar los medicamentos, pero no estaba listo para regresar a trabajar. Durante varias semanas permaneció en casa, lo que encontró abrumador al principio. "Estaba acostumbrado a estar en mi casa sólo para dormir y tal vez un par de horas por aquí y por allá", dice. "Ahora estaba en casa todo el tiempo y no sabía cómo actuar".

Empezó a hacer tareas de la casa —lavar y pintar las paredes. Dedicó más tiempo a sus cuatro hijos, que tenían entonces entre 5 y 20 años de edad. "Ahora en lugar de tener eventos planeados, me sentía a gusto sólo con estar con ellos, compartiendo la vida", dice.

Su dolor de espalda desapareció.

Línea borrosa entre la enfermedad física y mental

La mayoría de enfermedades mentales se originan en una combinación de herencia, biología e influencias ambientales. Para una persona vulnerable las circunstancias estresantes pueden precipitar cambios en la química cerebral que pueden resultar en depresión.

La gente con depresión u otras enfermedades mentales puede no ser consciente de su estado mental o puede no estar dispuesta a reconocerla. Los periodos de ansiedad, insomnio y falta de energía de los que Plevak había hecho caso omiso tempranamente en su vida pudieron haber sido episodios tempranos y leves de depresión. "Fue el dolor de espalda y el ardor de las piernas asociados a la depresión los que evitaron que la ignorara esta vez", dice.

Negociando las demandas de la medicina

Plevak regresó gradualmente a sus responsabilidades del trabajo. Pero creyendo que un exceso de trabajo y agotamiento habían contribuido a su enfermedad, abandonó algunos proyectos que requerían demasiado tiempo y aprendió a decir no.

¿Qué consejo le daría a su hija que está en edad de ingresar a la universidad si escogiera medicina o algún otro campo con un programa de entrenamiento demandante? "El sistema actual de educación médica tiende a moldearnos y formarnos en una especie de paquete uniforme", dice. "Le diría que trate de evitar esto, que trate de mantener su individualidad y las cosas que son importantes para ella. La única forma en que puede mantener su yo, ese sentido de individualidad, sería darse mucho tiempo para meditar, rezar, mirar dentro de sí misma y pasar tiempo con los seres queridos. Si no se hace esa inversión, se encontrará atrapada en un remolino".

Plevak se ha recuperado de su depresión. Escribió un ensayo sobre su experiencia en *Mayo Clinic Proceedings*, una revista para médicos. "Estaba agradecido de poder reingresar a la vida cambiado, y con una perspectiva diferente más saludable", escribe. "Quería compartirlo con otros. También quería hablar por los emocional y mentalmente incapacitados que no son capaces de lograr una recuperación completa de su enfermedad. Quería decir que esta gente está enferma no por su culpa, y que merecen los mismos cuidados y respeto que ofrecemos a nuestros demás pacientes".

Su compromiso con la medicina permanece. Piensa que ha crecido como médico, especialmente su actitud hacia la gente con enfermedades mentales. "Siento que ellos son yo. Ahora cuando veo a la gente enferma mental o veo que un paciente tiene una historia de enfermedad mental, siento un lazo personal. Siento que hemos compartido algo".

Recursos adicionales

Contacte a estas organizaciones para obtener mayor información sobre la depresión. Algunos grupos ofrecen material impreso o videotapes gratuitos. Otros tienen material o videos que puede usted comprar.

Academia Estadounidense de Psiquiatría de Niños y Adolescentes

3615 Wisconsin Ave. N.W.
Washington, DC 20016-3007
202-966-7300
Fax: 202-966-2891
www.aacap.org

Fundación Estadounidense para la Prevención del Suicidio

120 Wall St., 22nd Floor
New York, NY 10005
212-363-3500 u 888-333-2377 (888-333-AFSP)
Fax: 212-363-6237
www.afsp.org

Asociación Estadounidense de Psiquiatría

1400 K St. N.W.
Washington, DC 20005
888-357-7924
Fax: 202-682-6850
www.psych.org

Asociación Estadounidense de Psicología

750 First St. N.E.
Washington, DC 20002-4242
202-336-5500
www.apa.org

Centro de Servicios de Salud Mental

5600 Fishers Lane, Room 17-99
Rockville, MD 20857
800-789-2647
www.mentalhealth.org

Información de Salud de la Clínica Mayo

www.MayoClinic.com

Alianza Nacional para el Enfermo Mental

Colonial Place 3
2107 Wilson Blvd., Suite 300
Arlington, VA 22201-3042
703-524-7600
Línea de ayuda: 800-950-6264 (800-950-NAMI)
Fax: 703-524-9094
TDD: 703-516-7227
www.nami.org

Asociación Nacional de Deprimidos y Maníacos-Deprimidos

730 N. Franklin St., Suite 501
Chicago, IL 60610-7204
312-642-0049 o 800-826-3632
Fax: 312-642-7243
www.ndmda.org

Instituto Nacional de Salud Mental

NIMH Public Inquiries
6001 Executive Blvd., Room 8184, MSC 9663
Bethesda, MD 20892-9663
301-443-4513
Fax: 301-443-4279
www.nimh.nih.gov

Asociación Nacional de Salud Mental

1021 Prince St.
Alexandria, VA 22314-2971
703-684-7722 u 800-969-6642 (800-969-NMHA)
Fax: 703-684-5968
TTY: 800-433-5959
www.nmha.org

Campaña Nacional de Concientización de la Salud Mental

www.nostigma.org

Índice

A

Abuso de drogas. *Ver* Abuso de sustancias

Abuso de sustancias y depresión, 14, 23, 150-151, 157-158, 166

Abuso doméstico, 136

Abuso en la infancia, 21-22, 36

Abuso sexual, 21-22, 136

Aceite de pescado, cápsulas, 83

Ácidos grasos omega-3, 83

Acupuntura, 110

Adicción y depresión, 14

Alcohol y depresión, 41, 140, 157

Alcohol, abuso. *Ver* Abuso de sustancias

Alimentación saludable, 115-117

Alimentos e interacciones medicamentosas, 70, 73, 77, 82

Alimentos y emociones, 116

Anorexia nerviosa, 29-30, 148-149, 158

Ansiedad y depresión, 156-157

Anticonvulsivantes, 77-78

Apnea obstructiva del sueño, 26-27

Ataque cerebral, 15, 25, 143

Autoexámenes para la depresión, 42, 46

B

Bloqueador de la sustancia P, 80

Bloqueador del factor liberador de corticotrofina (CRF), 81

Bloqueadores de receptores, 71

Bulimia nerviosa, 30, 70, 148-149, 158

C

5-HTP (5-hidroxitriptofano), 83-84

Cambios cognoscitivos y depresión, 9, 41

Cambios en el comportamiento y depresión, 10

Cambios en el estado de ánimo, 9, 41

Cerebro, estudios de imagenología, 35-36, C2-C3

Cómo obtener ayuda
para seres queridos, 151-152, 168-169, 175
para usted mismo, 42-43

Concentración. *Ver* Cambios cognoscitivos y depresión

Consejeros pastorales, 44

Consejo, 85-86

Cortisol, 33-34

Crianza y depresión, 13-14, 146-147

Crisis nerviosa, 8, 54

Cuestionarios, 47, 148-149

Cuidados personales y depresión, 40

D

Demografía de la depresión, 3, 7-9, 145

Dependencia química, 23. *Ver también* Abuso de sustancias

Depresión
autoexámenes, 42, 46
categorías, 49-54
definida, 4-5
diagnóstico, 12, 39-48, 140-142
edad de inicio, 7, 35, 50
en adolescentes, 145-154
en adultos mayores, 139-144
en mujeres, 129-138
en niños, 145-154
factores de riesgo, 17-30
historia de los tratamientos,
61-65
incidencia, 3, 7-9, 145
recurrencia, 16, 50, 55
riesgo de suicidio, 16
severidad, 55-57
síntomas, 9-10, 40-41, 140-141,
146-147
trastornos combinados, 155-162
tratamiento, 67-110
Depresión aguda o crónica, 55
Depresión atípica, 56, 147
Depresión del adolescente, 145-154
lista de verificación para los
padres, 148, 149
trastornos bipolares, 153
trastornos de ansiedad, 150
Depresión doble, 51
Depresión en la infancia, 145-154
abuso de sustancias, 150-151
lista de verificación para
los padres, 148-149
riesgo de suicidio, 145
signos y síntomas, 146-147
trastorno de estrés
postraumático (TEPT), 151

trastornos de ansiedad, 150
trastornos de la comida, 148-149
tratamiento, 151-154
Depresión mayor, 49-50
Depresión posparto, 56-57, 132-
133
Depresión secundaria, 57
Diarios, 121-122
Diferencias según el sexo, 7, 30, 50,
129-130, 166
Distimia, 50-51
Divorcio y depresión, 19
Dopamina, 68, 80
Drogas. *Ver* Medicamentos

E
Ejercicio
beneficios para la salud, 114-115
empezando, 115
y depresión, 14-15, 113-114, 144
Embarazo, 131-132
Endorfinas, 113
Enfermedad cardíaca, 15, 24
Enfermedad de Addison, 24
Enfermedad de Alzheimer, 26,
141-142
Enfermedad de Cushing, 24, 34
Enfermedad de Parkinson, 26, 142
Enfermedad tiroidea, 24, 33
Enfermeras psiquiátricas, 44
Envejecimiento y depresión, 139-
144
ataque cerebral, 15, 25, 143
enfermedad de Alzheimer, 26,
141-142
enfermedad de Parkinson, 26,
142

enfermedad física, 139
hormonas sexuales
en declinación, 35
imagenología del cerebro, C8
pesar, 6-7, 19, 120-121, 140
reconociendo la depresión,
140-141
retiro, 140
tratamiento, 143-144
Espiritualidad, 125-126
Estabilizadores del estado
de ánimo, 77-78
Estado de ánimo triste o
depresión, 6
Estilo positivo de enfrentamiento, 20
Estimulación del nervio vago
(ENV), 109
Estimulación magnética
transcraneana (EMT), 108-109
Estimulantes, 75
Estrategias de autoayuda, 111-126,
144
Estrés, 18-20, 122, 137
Estrógenos y depresión, 35
Euforia, 52
Eventos que cambian la vida, 19,
51
Experiencias traumáticas, 20-21, 51

F
Factores de riesgo, 17-30, 147
Familiares y amigos, 173-178
apoyo, 174-175
cuidados, 176-177
detectando los signos de
advertencia del suicidio,
167-168

discutiendo el suicidio, 168-
169
hospitalización no voluntaria,
169
sobrevivientes del suicidio, 169-
172
Fatiga, 40, 147
Fototerapia (terapia de luz), 64,
105-107

G
Genética, 18, 31-33
Glándula pituitaria, 34, C1
Glándula tiroides, 33, C1
Glándulas suprarrenales, 34, C1
Grupos de apoyo
para sobrevivientes del suicidio,
171
pros y contras, 124

H
Habilidades para enfrentar
diarios, 121-122
estilo activo o pasivo, 20
manejo del enojo, 119-120
para adultos mayores
deprimidos, 144
para combatir la depresión, 111-
112
para las mujeres con estrés, 137
para los que proporcionan los
cuidados, 177-178
para sobrevivientes del suicidio,
171-172
Hipotálamo, 34, 38, C1
Hipotiroidismo, 24
Historia de tratamientos, 61-65

Historia familiar, 17-18, 21, 23, 147, 166

Historias personales, 10-12, 102, 104, 118, 134, 179-184

Hormonas del estrés, 34

Hormonas sexuales, 34-35, 130-135

Hormonas suprarrenales, 33-34

Hormonas y depresión, 24, 33-35, C1

Hospitalización no voluntaria, 169

I

Impotencia aprendida, 28

Insomnio, 10, 14

J

Juventud y depresión, 145-154

L

Lazos sociales, 124-125

Litio, 64, 77-78, 153

M

Manejo del enojo, 119-120

Manía, 52-53

Medicamentos. *Ver* también

Medicamentos antidepresivos

  ácido valproico, 77-78, 153

  alprazolam, 79

  amitriptilina, 72

  antiinflamatorios no esteroideos (AINE), 77

  benzodiazepinas, 23, 79

  bupropion, 70

  buspirona, 79

  carbamazepina, 77-78

  citalopram, 69

  clonazepam, 79

  clordiazepóxido, 23, 79

  CRF (factor liberador de corticotrofina), bloqueador de, 81

  clordiazepóxido, 23, 79

  desipramina, 72

  dextroanfetamina, 75

  diazepam, 23, 79

  dosis, 75

  duración del tratamiento, 76

  efectos secundarios, 73-74

  estabilizadores del estado de ánimo, 77-78

  factores de riesgo de depresión, 23-24

  fenelzina, 72

  fluoxetina, 69

  fluvoxamina, 69

  gabapentina, 78

  haloperidol, 80

  hidroclorotiazida, 77

  ibuprofeno, 77

  imipramina, 63, 72

  inhibidores de enzimas (IMAO), 63, 72-73, C7

  inhibidores selectivos de la recaptura de serotonina (ISRS), 38, 64, 69-70, C6

  interferón, 23

  iproniazida, 63

  isotretinoína, 24

  ketoprofen, 77

  lamogrigina, 78

  litio, 64, 77-78, 153

  lorazepam, 79

  Lotensin, 77

  maprotilina, 71

medicamentos antipsicóticos,
79-80

metilfenidato, 75

mirtazapina, 71

naproxeno, 77

nefazodona, 71

nortriptilina, 72

olanzapina, 80

paroxetina, 69

prednisona, 23

propranolol, 24

protriptilina, 72

quetiapina, 80

risperidona, 80

sedantes, 79

sertralina, 69

tamoxifen, 24

teofilina, 23

tioridazina, 80

trancilpromina, 72

trazodona, 71

tricíclicos, 63, 72

trifluoperazina, 80

trimipramina, 72

venlafaxina, 70

ziprasidona, 80

Medicamentos antiansiedad, 23,
78-79

Medicamentos antidepresivos. *Ver
también* Medicamentos

costo, 74-75

dosis, 75

duración, 76

efectos secundarios, 73-74

eficacia, 73

en el embarazo, 132

en los jóvenes, 152

inhibidores de enzimas
(IMAO), 63, 72-73, C7

inhibidores de la recaptura de
serotonina, 69-70

inhibidores de la recaptura y
bloqueadores de los
receptores, 71-72

inhibidores mixtos de la
recaptura, 70

inhibidores selectivos de la
recaptura de serotonina
(ISRS), 38, 64, 69-70, C6

tricíclicos, 63, 72

Medicamentos antipsicóticos, 79-80

Medicamentos genéricos, 74

Melancolía, 4, 56

Melatonina, 57, 106

Memoria, problemas 9, 141

Menopausia, 35, 133, 135

Mujeres y depresión, 129-138

abuso doméstico, 136

abuso sexual en la infancia, 21-
22

anticonceptivos orales, 24

aspectos sociales y culturales,
135-136

depresión posparto, 56-57, 132-
133

embarazo, 131-132

habilidades para enfrentar, 137

incidencia, *vs.* hombres, 7

madres que trabajan, 20, 136

menopausia, 35, 133, 135

niveles de estrógenos, 35

tamoxifen, 24

trastorno afectivo estacional
(TAE), 57, 105-107

trastorno corporal dismórfico (TCD), 30, 160

trastornos de la alimentación, 29-30

trastornos de personalidad limítrofe (TPL), 30, 160-161

violación, 136

N

Neurotransmisores, 37-38, 68, C4-C7

Norepinefrina, 37-38, 68

O

Optimistas contra pesimistas, 27-28

Osteoporosis, 135

P

Pensamiento negativo, 89-90, 121

Pérdida y depresión, 6-7, 19, 140, 171-172

Perdón, 120

Perimenopausia, 135

Perspectiva pesimista, 27-28

Perspectivas y depresión, 20, 27-28, 88-91, 121

Pesar, 6-7, 19, 120-121, 140

Peso, problemas, 14, 30

Planta de San Juan, 70, 82

Preocupaciones por los seguros, 12-13, 88

Presión arterial elevada, 15-16

Prestadores de cuidados de la salud, 42-45

Prevalencia, 3, 7-9, 145

Problemas en el trabajo, 14, 20

Profesionales de salud mental, 42-45, 88

Psicoanálisis, 62

Psicólogos, 43-44

Psicoterapia

cómo funciona, 94-95

cómo seleccionar un terapeuta, 88

duración, 93-94

en adultos mayores, 144

en los jóvenes, 162-154

terapia de grupo, 92-93

terapia de parejas y familiar, 93

terapia del comportamiento cognoscitivo, 63-64, 88-91

terapia interpersonal, 64, 91-92

vs. consejo, 86

Psiquiatras, 43

R

Recurrencia de la depresión, 16, 50, 55

Recursos adicionales, 185-186

Recursos de información, 185-186

Recursos en Internet, 42, 185-186

Recursos, 185-186

Relaciones

abuso, 28

divorcio o separación y depresión, 19

impacto de la depresión, 13-14

impotencia aprendida, 28

terapia de parejas y familiar, 93

terapia interpersonal, 91-92

Retiro, 140

Roncar, 26-27

S

SAM-e (S-adenilmetionina), 82
Sedantes, 79
Serotonina, 38, 68
Síndrome de serotonina, 70, 82
Síntomas físicos de depresión, 10, 40-41
Síntomas, 9-10, 40-41, 140-141, 146-147
Sistema límbico, 38
Sueño, problemas
    apnea, 26-27
    insomnio, 10, 14
    sueño excesivo, 40
    sugerencias de autoayuda, 117-118
Suicidio
    en los jóvenes, 145
    hospitalización no voluntaria, 169
    pensamientos de, 41, 168-169
    riesgo de, 16, 165-166
    signos de advertencia, 167-168
    sobrevivientes, 169-172
Suplementos alimenticios, 81-84
Suplementos de hierbas y alimenticios, 70, 81-84

T

Tamoxifen y depresión, 24
Terapia de apoyo, 93-94
Terapia de choques. *Ver* Terapia electroconvulsiva (TEC)
Terapia de comportamiento cognoscitivo (TCC), 63-64, 88-91, 152-154
Terapia de conversación, 85
Terapia de grupo, 92-93
Terapia de luz, 64, 105-107
Terapia electroconvulsivante (TEC), 62-63, 97-105, 132, 144
Terapia familiar, 93
Terapia hormonal de reemplazo (THR), 135
Terapia interpersonal (TIP), 64, 91-92
Terapia orientada a la introspección, 93-94
Terapia psicodinámica, 93-94
Terapistas familiares, 44
Testosterona y depresión, 35
Tomografía con emisión de positrones (PET), 35
Trabajadores sociales, 44
Trastorno afectivo estacional (TAE), 57, 105-107
Trastorno ciclotímico, 54
Trastorno corporal dismórfico (TCD), 30, 160
Trastorno de ansiedad social, 29, 156
Trastorno de comer excesivamente, 30, 159
Trastorno de estrés postraumático (TEPT), 22, 151, 157
Trastorno de pánico, 29, 157
Trastorno de personalidad dependiente, 161
Trastorno de personalidad limítrofe (TPL), 30, 160-161
Trastorno maníaco-depresivo, 52-54
Trastorno obsesivo-compulsivo (TOC), 29, 156-157
Trastorno premenstrual disfórico (TPMD), 130-131

Trastornos bipolares, 52-54, 153, C3
Trastornos combinados, 58, 155-162
Trastornos de adaptación, 51-52
Trastornos de ansiedad, 28-29, 150
Trastornos de la alimentación, 29-30, 158-159
Tratamiento
  consejo, 85-96
  en adultos mayores, 143-144
  en los jóvenes, 151-154
  estimulación del nervio vago
    (ENV), 109
  estimulación magnética
    transcraneana (EMT), 108-109
  estrategias de autoayuda, 111-126
  historia del, 61-65
  medicamentos, 67-81
  psicoterapia, 85-96
  resultados, 13-16, 137
  terapia de luz, 64, 105-107
  terapia electroconvulsiva,
    62-63, 97-105

V

Violación, 136